SONNETS,

CANZONES, BALLADES ET SEXTINES

DE

PÉTRARQUE.

SONNETS,

CANZONES, BALLADES ET SEXTINES

DE

PÉTRARQUE,

TRADUITS EN VERS

PAR LE COMTE ANATOLE DE MONTESQUIOU.

TOME PREMIER.

PARIS,

CHEZ

LEROY, LIBR., PLACE S.-GERMAIN-L'AUXERROIS, 24, ET GAL. VÉRO-DODAT, 26 ;
LEDOYEN, LIBR., PALAIS-ROYAL, GALERIE D'ORLÉANS, 31 ;
AUGUSTE VATON, LIBR., SUCCESS. DE M. POTEY, RUE DU BAC, 46 ;
POTIER, LIBR., QUAI VOLTAIRE, 7.

1842.

AVERTISSEMENT.

―∞―

Lorsque je commençai cette traduction, il y a plus de vingt ans, il n'en existait de complète ni en vers, ni en prose; et une telle œuvre me semblait un monument réclamé par la France et par l'Italie. Au commencement de cette année (1842), M. le comte de Gramont a publié une traduction littérale et complète, qui a presque toujours le mérite d'une scrupuleuse exactitude; mais elle est en prose, et les vers ont besoin d'être interprétés par des vers : l'élégance, le rhythme, le chant ont alors leur correspondance, leur écho d'une langue à l'autre. Priver de cette assimilation le texte qu'on veut rendre, c'est le desservir.

J'ai voulu être en vers un traducteur fidèle. Cette tâche n'est pas facile, le style de Pétrarque étant affligé d'une quadruple obscurité causée par l'altération du langage, par l'oubli actuel des événemens auxquels il fait allusion, par la prudence qu'imposait une politique ombrageuse, et surtout par la discrétion de son pudique amour. Il se vante quelquefois de son mystère, et recommande à sa muse de n'y pas renoncer. Parmi les volumineux commentaires suscités par ses œuvres amoureuses, il m'a fallu souvent chercher à découvrir moins le certain que le probable. Pour cette traduction pénible, il faut quelquefois lutter contre des nuages, adversaires bizarres et fantastiques, dans lesquels on voit à peu près ce que l'on veut, et contre lesquels il n'est pas facile de combattre corps à corps.

Si quelque journal littéraire daigne faire attention à mon ouvrage et en dire quelques mots, je profiterai, avec plaisir et reconnaissance, des lumières qui jailliront de la critique et même de la censure; et je m'attends à découvrir alors que ma muse contraignit plus d'une fois Pétrarque à déclarer le contraire de sa pensée. Mais, son genre d'esprit, et le caractère de son style lui ayant fait dire sans cesse et même simultanément sur mille sujets le pour et le contre, il se peut que mes erreurs elles-mêmes aient l'étrange mérite de s'accorder avec la vérité.

Je n'ai pas voulu traduire tous les sonnets en sonnets, et j'ai même eu recours, pour eux, aux rhythmes les plus variés, afin d'éviter les périls de la monotonie. C'est cet espoir d'intéresser par la variété, qui m'a fait essayer, pour la traduction de quelques ballades, la naïve simplicité de notre vieux rondeau.

Après une longue hésitation, je me suis décidé à laisser à la *canzone* ce même nom, en réclamant pour cette importation le droit de bourgeoisie. Le mot chanson est trop vulgaire pour convenir aux sujets que Pétrarque a traités sous ce nom, et celui d'ode est trop pompeux pour l'humilité de son interprète.

J'avais juré de traduire toute la partie des œuvres de Pétrarque qui compose ce que l'on pourrait appeler l'histoire de son cœur; j'ai donc dû traduire aussi les sextines. Ce genre de versification n'est qu'une espèce de jeu. Certains mots s'y placent et s'y déplacent d'une manière convenue et régulière, quoique étrange. C'est un tour de force qui, en italien, n'est pas soumis à la rime, et dont tout le mérite est d'astreindre péniblement le sens à une contorsion des paroles. Je me suis plu à augmenter pour moi les difficultés des sextines, en y ajoutant celles de la rime. Mais, en vérité, pour se soumettre au travail que demandaient la traduction et cette espèce d'illustration d'un genre de poésie si secondaire, il fallait s'être placé, comme je viens de le dire, sous l'empire d'un vœu poétique.

Si quelque apparence de succès devient le prix de mon labeur, je publierai incessamment la traduction des Triomphes.

Les traducteurs et les commentateurs n'ont pas craint de prononcer sans cesse le nom de la beauté célèbre et long-temps douteuse qui inspira la muse de Pétrarque. Croyant mieux faire en imitant la discrète réserve du poète, je n'ai pas nommé plus souvent que lui l'objet de son amour. Pétrarque, avec une ingénieuse adresse, eut quelquefois recours à des sons qui dédommageaient son cœur. C'est ainsi qu'en cherchant à se tromper lui-même, il employait le mot *l'aura* (brise) et le mot *l'ora* (l'heure). Je ne l'ai imité que deux ou trois fois dans l'emploi de ce subterfuge. J'ai tâché de rendre, dans le 5e sonnet, le singulier système d'une demi-indiscrétion.

Pour toute cette traduction, je me suis servi principalement de l'édition publiée, en 1821, par les soins de M. Biaggioli; et je me suis laissé guider presque toujours par les judicieuses clartés qu'offrent ses commentaires.

SONNET 1.

Le poète reconnaît que son amour fut un vain et long délire. Il n'espère pas qu'on lui pardonne, mais il s'adresse à ceux qui ont aimé, et il leur demande de le plaindre.

Vous, qui prêtez l'oreille aux chants que la douleur
Et la vaine espérance ont dictés à mon cœur,
  Lorsque, dans l'erreur du jeune âge,
  J'étais encor loin d'être sage,
  Si vous avez connu l'amour,
  Ses tendres soins, son doux langage,
  Vous daignerez me plaindre un jour.
  Mais j'ai de ma douleur profonde,
  De mes accens, de mes écrits
  Trop long-temps occupé le monde.
  De mes torts la honte est le prix.
  Éclairé par elle, j'appris
  Que tout ce qui plaît sur la terre
  N'est qu'une illusion légère.

SONNET 2.

C'est par surprise que l'Amour assura sa victoire.

Pour mieux punir en un seul jour
Plus de mille offenses, l'Amour
Avec mystère, et surtout avec joie,
Reprit son arc, instrument de malheur.
Il ressemblait à l'habile chasseur,
Lorsqu'il guette à l'affût sa proie.
La sagesse était dans mon cœur :
Elle était ma seule défense,
Mon égide et mon espérance.
Mais sur mon cœur l'enfant cruel
Lança trop bien le dard mortel :
A son joug vainement je voulus me soustraire ;
Je le voudrais encor, mais ne sais comment faire.

SONNET 3.

Il reproche à l'Amour cette victoire trop facile.

Le jour même où l'astre du monde
Enveloppa dans une nuit profonde
Et ses rayons et sa douleur,
Refusant sa lumière aux bourreaux de son maître,
Tout-à-coup je vous vis paraître,
Et l'Amour malgré moi triompha de mon cœur.

Sans crainte, sans espoir et dans l'imprévoyance,
Je conservai ma funeste assurance;
Je ne pressentis pas mon avenir cruel :
Hélas! ce deuil universel
Fut le berceau de ma souffrance!

Dans ce premier instant de ma longue douleur,
Contre l'Amour je fus sans armes.
Il trouva dans mes yeux le chemin de mon cœur,
Et mes yeux versèrent des larmes.

Ah! dans ce combat inégal,
L'Amour m'a vaincu, mais sans gloire.
Sur lui vous auriez pu remporter la victoire;
Mais il n'a pas osé vous montrer l'arc fatal.

SONNET 4.

Il veut relever l'éclat de celle qu'il aime, en rappelant l'humble lieu de sa naissance.

Celui dont la puissance a montré sur la terre
   Sa prévoyante et sublime grandeur,
     Qui d'un mot créa notre sphère,
Est un Dieu bienfaisant et non un Dieu sévère.

Quand il vint parmi nous, sans pompe, sans splendeur,
De nos livres sacrés accomplir le mystère,
Il choisit l'humble Jean, l'obscur et pauvre Pierre.
Ne mettant pas de borne à ses dons précieux,
Il les fit citoyens du royaume des cieux.

Des juifs assujétis la débile contrée
Obtint l'insigne honneur de lui donner le jour;
    Rome ne fut pas préférée :
Aux plus humbles toujours il donne son amour.

C'est ainsi que j'ai vu le plus obscur village
Dédaigner les cités et briller davantage,
Quand la beauté que j'aime, illustrant ce séjour,
Vint comme un astre heureux lui promettre un beau jour.

SONNET 5.

A l'aide d'un ingénieux mystère, il parvient à la nommer.

Aussitôt que je veux célébrer votre gloire,
Et le nom dans mon cœur par l'amour imprimé,
    Le LAUrier digne de mémoire
Est le mot que d'abord mes lèvres ont nommé;
Et, dans ce premier son, mon cœur avec ivresse
Et mystère découvre un trésor de tendresse.

Votre noble REgard ensuite m'apparaît
Redoublant ma valeur pour ma haute entreprise.
    Et puis la fin, qui le croirait !
    Dit : « Crois-tu que TA voix suffise
    » Pour célébrer un tel sujet ? »

    Ainsi le même mot désigne
La gloire, le LAUrier, un REgard, le bonheur.
Ah ! quand je puis à peine indiquer la plus digne,
De pouvoir la nommer d'autres auront l'honneur,
A moins que d'Apollon la céleste colère,
    Entendant un simple mortel
    Chanter l'arbre de son autel,
    Ne punisse le téméraire.

SONNET 6.

Il se sent vaincu par l'Amour.

Mon malheureux désir et ma folle poursuite
Ne rencontrent partout que des empêchemens.
Insoumise à l'Amour, en sa légère fuite,
Elle me brave, et rit de mes retardemens.

Plus je veux le remettre en une sage voie,
Moins j'en suis écouté. Le frein et l'aiguillon,
Contre le sentiment dont il reste la proie,
Au lieu de me servir ont troublé ma raison.

Il faut suivre ce maître où sa force m'entraîne ;
Si je résiste encor, c'est afin d'obtenir
Un fruit de ce laurier. Il redouble ma peine,
Et du bonheur sans lui je ne puis pas jouir.

SONNET 7.

Réponse de Pétrarque à Justine de Levis-Perroti (*).

Le sommeil, les plaisirs et la mollesse *impure*
Ont banni la vertu du sein de l'*univers*.
De la société les usages *divers*
Égarent la raison, font taire la *nature*.

Ne recevrons-nous plus un céleste *rayon*
Qui nous éclaire et nous *dirige?*

(*) Justine de Lévis-Perotti, d'une branche de la maison de Lévis établie en Italie, épousa Louis de Puytendre, et fut bisaïeule de Clotilde, poète célèbre du xve siècle. Le goût de Justine pour la poésie ayant été critiqué, elle écrivit le sonnet suivant à Pétrarque pour s'en plaindre et lui demander conseil. La réponse de Pétrarque est sur les mêmes rimes.

Je désire laisser une mémoire pure,
Et que puisse long-temps honorer l'univers ;
Je veux dans l'avenir m'illustrer par des vers
Que m'inspirera la Nature.

Mais, lorsque je réclame un céleste rayon,
Lorsqu'en errant je me dirige

Celui qui veut puiser aux sources d'*Hélicon*
      Passe aujourd'hui pour un *prodige*.
        O douleur! ô *confusion!*
Le myrthe est sans honneur, le laurier est sans *gloire!*
Pour la philosophie on n'a que du *mépris;*
      Et l'argent seul garde son *prix!*

Vous irez solitaire au temple de *mémoire*,
Esprit jeune et charmant; mais n'y renoncez *pas;*
Ranimez votre zèle, et rassurez vos *pas.*

      Vers les sources de l'Hélicon,
        Dont j'attends un heureux prodige,
     Quelle est ma honte et ma confusion!
On veut que je retourne à des travaux sans gloire,
A des fuseaux obscurs, objets de mon mépris,
Lorsque le laurier seul a pour moi quelque prix!

Homme heureux, qui marchez au temple de mémoire,
Apprenez mes efforts, ne les dédaignez pas :
Dois-je continuer ou détourner mes pas?

SONNET 8.

Des animaux, pris par Pétrarque et envoyés par lui à l'un de ses amis, sont censés prononcer les vers suivans.

Au pied de la colonne où naquit la beauté
    De qui l'image enchanteresse
Trouble les longues nuits et la tranquillité
De celui qui, sur nous, exerça son adresse,
Imprudens, nous paissions avec sécurité !
    Oui, sans regret, sans crainte, sans envie,
    Nous ignorions les dangers de la vie.
      Le cruel changea notre sort :
      Nous gémissons dans l'esclavage.
Nous en serons bientôt délivrés par la mort ;
Mais nous serons vengés : dans un triste servage,
Captif autant que nous, il souffre davantage.

SONNET 9.

Il la compare à l'astre du jour et se compare à la nature.

Quand l'astre bienfaiteur, qui nous donne le jour,
Au signe du taureau signale son retour,
Ses rayons sont plus vifs, sa lumière est plus pure,
Dans la terre il répand ses fécondes ardeurs,
Les ruisseaux, les valons sont prodigues de fleurs,
Et tout semble renaître au sein de la nature.

    Semblable à cet astre vainqueur,
   Une beauté fait palpiter mon cœur,
Exerce sur mes jours sa puissance infinie,
Et m'inspire des vers la savante harmonie.
Cependant mon destin n'est pas moins douloureux :
Il n'est pas de printemps pour l'amour malheureux.

SONNET 10.

Au cardinal Colonne, son ami, persécuté par le pape Boniface VIII.

Noble Colonne, espoir de la patrie,
Honorable soutien de la belle Italie,
C'est pour notre bonheur qu'un Dieu vous conserva.

Bien loin des monumens que le luxe éleva,
Tranquilles, nous errons dans de vertes prairies,
Sous l'ombre des sapins, sur les herbes fleuries.
Là, du chantre des nuits, la fidèle douleur
Exale dans les airs son éloquent murmure.
Partout, dans ces beaux lieux, le poète rêveur
    Est inspiré par la nature.
Mais nous perdrons tous ces charmes si doux,
    Si vous vous éloignez de nous.

BALLADE 1ʳᵉ.

Il se plaint de ne plus voir les yeux de celle qu'il aime.

Depuis que vous avez le secret de mon cœur,
Votre voile, à mes yeux, oppose sa rigueur.
Lorsque je vous aimais sans oser vous le dire,
    Votre regard, votre sourire
Me montraient la pitié dans vos traits généreux.
De mon sincère aveu la fatale imprudence
    A causé votre défiance :
    Je ne vois plus vos blonds cheveux;
Je ne rencontre plus vos regards dangereux,
Constans et doux objets de ma vive espérance.
La mort sera bientôt le fruit de ma souffrance.

SONNET 11.

S'il ne meurt pas de douleur, elle entendra, dans sa vieillesse, le récit des souffrances qu'elle a causées.

En dépit d'un sort douloureux,
Puissé-je prolonger ma fatale carrière,
Puissé-je vivre assez pour voir de vos beaux yeux
Pâlir le doux éclat et la vive lumière !

Puissé-je voir un jour la neige des vieux ans
    Sur votre blonde chevelure
    Bannir les dons de la Nature
    Et tous les trésors du printemps.
  L'Amour alors, ranimant mon courage,
  Retracera tous mes tourmens divers ;
Ah ! pour vous raconter les maux que j'ai soufferts,
J'aurai les tristes droits que donne le vieil âge :
    Vous écouterez mes discours,
Et des regrets tardifs vengeront les Amours.

SONNET 12.

Il se félicite d'aimer une femme dont la beauté brille avec plus d'éclat auprès de ses rivales.

Lorsque je la compare aux femmes qu'on admire,
Sa beauté s'en augmente ainsi que mon amour;
   Et je bénis le lieu, l'instant, le jour
   Où commença mon amoureux délire,
   Où, secondé par un heureux hasard,
   J'osai sur elle arrêter mon regard.
    Et je dis : « Rend grâces, mon âme,
    » Au noble destin qui t'enflamme.
» C'est d'elle que te vint cette amoureuse ardeur
» Qui peut seule conduire au souverain bonheur,
» En fesant dédaigner ce que le monde envie.
» Oui, c'est d'elle que vint le dessein généreux
» Qui, par un droit sentier, te guide vers les cieux;
   » Et mon bonheur honorera ma vie. »

SONNET 13.

Il part, et s'étonne de pouvoir vivre loin d'elle.

Chancelant, abattu sous le poids qui m'opprime,
Je m'arrête, et vers vous je dirige mes yeux.
L'air que vous respirez me parvient, me ranime;
Je repars, en disant : « Je suis bien malheureux ! »
Puis je m'arrête encore, et, ma triste pensée
Retournant vers l'objet de mon ardent désir,
Je vois ma longue route et mon court avenir,
 Et de mes pleurs ma carrière arrosée.
  Étonné, je m'écrie alors,
  Au sein de ma douleur mortelle :
« Comment! elle est mon âme, et je vivrais loin d'elle!
  » Seule elle fait vivre mon corps ».
  L'Amour répond, il me rappelle
Que toujours les amans, dans leurs tristes destins,
  Diffèrent des autres humains.

BALLADE 2ᵉ,

TRADUITE EN RONDEAU.

Il exhorte ses yeux à se dédommager.

RONDEAU.

Mes yeux, un instinct vous attire
Vers le déplorable courroux
Qui causa mon tendre délire;
Mais prenez garde, hélas! sur nous
L'Amour s'alarme, et j'en soupire.

De la mort le terrible empire
Peut clore le chemin si doux
Du port où votre ardeur aspire,
   Mes yeux.

L'astre, pour lequel je respire,
Peut vous ravir ses feux jaloux;
Contre vous toujours il conspire;
Pour vous venger d'un long martyre,
Osez jouir, contentez-vous,
   Mes yeux.

SONNET 14.

Il cherche, dans toutes les femmes qu'il rencontre, quelque ressemblance avec celle qu'il aime.

Un débile vieillard, aux longs et blancs cheveux,
S'éloigne du séjour où s'écoula sa vie,
    Et d'une famille chérie
Qui voit avec douleur son déclin malheureux.
Chancelant, il demande à son douloureux âge
De raffermir ses pas pour un dernier voyage.
Il arrive dans Rome, au comble de ses vœux,
    Pour contempler la ressemblance
Du dieu dont ses vertus lui donnent l'espérance.
C'est ainsi qu'en tout lieu je cherche avec ardeur
L'image de l'objet qui séduisit mon cœur.

SONNET 15.

Il n'a de calme qu'auprès d'elle.

Quand je suis près de vous, mes pleurs comme un nuage
   A mes regards cachent bientôt le jour,
   Et mes soupirs trahissent mon amour,
     Comme le vent trahit l'orage.
     Vous seule avez rendu déserts
Les lieux que je parcours dans mon pélerinage ;
Je ne vois que vous seule en ce vaste univers.

Cependant quelquefois un bienfaisant sourire,
Quand j'arrête sur vous mon regard ébloui,
   Vient apaiser mon tourment inoui,
    Et les flammes de mon martyre.
Ces instans de plaisir sont bien vite passés,
    Et de nouveau le charme cesse.
    Quand je vois fuir l'enchanteresse,
    Mes sens redeviennent glacés.
Mais à son souvenir ma pensée est fidèle ;
Mon âme semble alors s'exhaler avec elle.

SONNET 16.

Brûlant d'amour, il fuit.

Quand je vois loin de ce séjour
S'enfuir la beauté qui m'enflamme,
Et dont le souvenir charme et trouble mon âme,
Je crois voir s'éteindre le jour ;
J'hésite, je chancèle, j'erre
Comme un être privé d'un flambeau salutaire.
Sous les coups de la mort je ne succombe pas ;
Je fuis, mais ma folie accompagne mes pas.
Par mes plaintes souvent, par ma douleur amère,
Je crains d'importuner les heureux de la terre.
Eh ! qui pourrait voir sans pitié mes pleurs !
Mais, non, non, pour moi seul je garde mes douleurs.

SONNET 17.

Il se compare au phalène, qui retourne à la flamme meurtrière.

L'aigle altier, parcourant sa sublime carrière,
   Peut contempler un soleil radieux.
   D'autres regards faibles et moins heureux
   Cherchent la nuit, redoutent la lumière.

Je ne puis me cacher dans une épaisse nuit,
Pour éviter l'éclat de la beauté que j'aime :
Mon pauvre cœur partout la devine et la suit ;
En tout lieu je la cherche, en dépit de moi-même.
   Semblable au phalène du soir,
Victime comme lui d'un funeste délire,
   Et du plus dangereux espoir,
Je péris consumé par le feu qui m'attire.

SONNET 18.

Ses chants ne sont pas dignes d'elle.

Unissant ma lyre sonore
Aux accens plaintifs de ma voix,
Se peut-il? je n'ai pas encore
Chanté la beauté que j'adore!
Je veux la peindre enfin telle que je la vois,
Telle que je la vis pour la première fois.
Mais qui m'enseignera la divine harmonie,
Heureuse fille du génie?
Mon esprit créateur, faisant de vains efforts,
Dans ses propres moyens n'a plus de confiance.
Ma lyre ne rend point d'assez dignes accords,
J'ai déjà perdu l'espérance.
Dès que j'ose tracer quelque vers incertain,
La grandeur du sujet vient arrêter ma main.

SONNET 19.

Il gémit de ne pas être payé de retour.

Mille fois, trop chère ennemie,
Désirant avec vous une paix affermie,
Je vous offris ce cœur où vous régnez,
Où pour jamais vous régnez sans partage;
Et toujours vous le dédaignez !
D'autres peut-être envîraient cet hommage.
Mais sur mon pauvre cœur mes droits furent perdus,
Quand ce cœur, orgueilleux naguère,
Eut le malheur de vous déplaire.
Disposez-en, il ne m'appartient plus.
Restera-t-il proscrit, isolé, misérable,
En butte à votre injuste et barbare courroux,
Lorsqu'il ne peut vivre sans vous?
Plus il est amoureux, plus vous seriez coupable.

SEXTINE 1ʳᵉ (*).

Pour tout habitant de la *terre*
L'arrêt du destin est pareil.
Hormi pour quelques-uns qui craignent le *soleil*,
Et médisent de la lumière,
Le temps du travail est le *jour*.
Mais lorsque, répandant ses voiles,
La triste nuit est de retour,
Et rend leurs feux à ses *étoiles*,
L'un retourne à sa case, et l'autre à sa *forêt*,
Près des pénates qu'il adore
Cherchant le calme et le secret,
Afin d'attendre en paix l'*aurore*.

(*) Ce genre de poésie est une espèce de tour de force qui fait revenir, à chaque couplet, mais dans des positions différentes, les mêmes bouts de vers qui n'ont pas même l'avantage de rimer. J'ai fait un autre tour de force en soumettant à la rime la traduction des sextines.

Et moi, depuis l'instant où commence l'*aurore*,
 Quand je la vois à peine encore,
 Confidente de mon secret,
 Débarrasser d'ombre la *terre*,
 Et venir troubler le mystère
 Et le repos de la *forêt*,
De la paisible nuit je regrette les voiles.
 Hélas! mon tourment sans pareil
 Se ranime avec le *soleil*.
Puis, quand je vois encore scintiller les *étoiles*,
 Déplorant les feux de l'amour,
 Je veux qu'on me rende le *jour*.

 Et quand le soir chasse le *jour*,
 Quand le beau ciel se décolore,
 Quand, à d'autres rendant l'*aurore*,
 Nos ténèbres sont de retour,
 A moi tout mon mal se dévoile,
 Et j'accuse la triste *étoile*
 Qui m'a fait des nuits sans sommeil,
 En m'envoyant sur cette *terre*;
 Et je maudis l'instant sévère
 Où je découvris le *soleil*
 Dont la redoutable puissance,
 Me déniant tous ses bienfaits,
 M'a donné l'affreuse apparence
 D'un sauvage enfant des *forêts*.

PÉTRARQUE.

Je ne crois pas que les *forêts*
Aient nourri dans leur sein jamais
Un habitant aussi sauvage,
Aussi rebelle nuit et *jour*
Au sensible et tendre esclavage,
Aussi dédaigneux de l'amour.
Et cependant je l'aime encore,
Pendant l'ombre et sous le *soleil*,
Depuis le soir jusqu'à l'*aurore*,
Et du coucher jusqu'au réveil.
Du destin mortel tributaire
Mon corps appartient à la *terre*.
Mais ma puissante liberté,
Levant tous les terrestres voiles,
A compris que ma volonté
Est un don qui vient des *étoiles*.

Un jour, j'irai vers vous, merveilleuses *étoiles*;
Lorsque mon âme enfin aura levé les voiles
Sous qui le ciel cacha son sublime secret,
Quand vous devrez, mon âme, habiter la *forêt*,
Où du néant humain on n'est plus tributaire,
Où l'on ne reçoit pas ce qui tient à la *terre*.
Puisse-t-elle un instant me plaindre avant ce *jour*,
Et restaurer mon cœur par ce tendre retour.
Un jour peut consoler d'un siècle qu'on déplore.
Sa pitié pour mon cœur serait comme l'*aurore*
Qui vient du malheureux enchanter le réveil,
En lui montrant les feux d'un bienfaisant *soleil*.

Depuis l'heure où fuit le *soleil*,
Où la nuit déroule ses voiles,
Je veux, à l'éclat des *étoiles*,
Demeurer privé du sommeil
Près de la beauté que j'adore,
Et ne pas attendre l'*aurore*.

Mais quel tourment nouveau, grand Dieu! je souffrirais,
Si je devais la voir en arbre des *forêts*
S'échapper de mes bras pour doubler ma misère,
Et mieux injurier mon trop fidèle amour,
Comme son art cruel l'a déjà fait un *jour*,
Quand pour elle Apollon descendit sur la *terre*.

Mais je serais sous *terre*, oui déjà la *forêt*
M'aurait daigné fournir son funèbre bienfait,
Le *jour* s'enrichirait d'innombrables *étoiles*,
Et la nuit marierait au jour ses sombres voiles,
Avant que mon cœur pût, dans un si doux éveil,
Voir cette heureuse *aurore* annonçant son *soleil*.

CANZONE 1re.

Ses métamorphoses.

Dans le doux temps du premier âge
Qui vit naître pour mon malheur
Le désir ardent qui m'engage,
Je chantais pour tromper mon cœur.
Chantons l'époque regrettable
Où je vivais en liberté,
Dédaignant un Dieu redoutable,
Et bravant son autorité.
Puis je chanterai sa croissance
Et ses progrès surnaturels,
Qui firent de mon existence
Une leçon pour les mortels,
Quoique ma souffrance infinie
Soit célèbre par mes écrits,
Et qu'il ne soit pas de prairie
Qui n'ait retenti de mes cris.
Si ma mémoire est infidèle,
C'est la faute de mon tourment
Et de l'injustice cruelle
Qui se rit de mon sentiment.

Il est un arbitre suprême
Qui me rend soumis à sa loi,
Qui me fait m'oublier moi-même,
Et qui seul dispose de moi.

Depuis que ma triste faiblesse
M'avait fait pressentir l'Amour,
J'avais perdu l'air de jeunesse,
Et sentais mon cœur chaque jour
Se munir d'une épaisse glace
Contre toute sensation;
Cette bienfaisante cuirasse
Était l'œuvre de la raison.
Je ne connaissais pas les larmes
Ni l'insomnie! Alors, hélas!
Ailleurs je voyais des alarmes
Que mon cœur ne comprenait pas!
Qu'étais-je, malheureux? que suis-je?
Du matin diffère le soir!
Et la vie, affligeant prodige,
Voit sa fin tromper son espoir!
Le barbare vengea l'offense
De ses traits bravés par mon sein;
Il sut trouver une puissance
Que le malheur implore en vain.
Cette déloyale alliance
Régla mon sort : en laurier vert
Ils ont changé mon existence :
Ma verdeur résiste à l'hiver.

Quel changement dans ma personne!
Sur mon front ces rameaux venus
Pour cheveux et non pour couronne,
Troublaient mes regards éperdus!
Mon pied, rebelle à ma pensée,
S'enracinait, non sur les lieux
Qu'arrose le fleuve Pénée,
Mais sur des bords plus orgueilleux!
Mes bras s'allongeaient en feuillage!
Je ne fus pas moins effrayé
De me voir sous un blanc plumage
Quand mon espoir fut foudroyé :
Il avait osé trop prétendre.
Je priai les bois, les échos,
Les prés, les rocs, de me le rendre;
Je cherchai même sur les eaux,
Errant, affligé, solitaire,
Malheureux de chercher en vain ;
Ma voix ne put jamais se taire
Sur ce coup du cruel destin.
Je chantai mon malheur insigne;
Mes chants calmèrent ma douleur;
J'imitais les accens du cygne;
Ma tête en avait la blancheur.

Long-temps ma tendresse fidèle
Sur ces bords dirigea mes pas,
Implorant par ma voix nouvelle
La pitié qu'on n'accordait pas.

Non, jamais souffrance amoureuse
N'exhala des accens plus doux,
Plus sûrs de vaincre une orgueilleuse
Et son invincible courroux.
Quel ne fut donc pas mon martyre,
S'il coûte tant à rappeler!
Mais il m'en reste plus à dire,
Et je me décide à parler :
Ma douce et barbare ennemie,
Qui pourra croire cette horreur!
Quittant sa bénigne magie,
Ouvrit mon sein et prit mon cœur!!!...
« N'en parle jamais », me dit-elle.
Puis, sous un autre air qu'elle prit,
Méconnaissant cette cruelle,
Je lui fis cet affreux récit.
Reprenant alors sa figure,
D'un regard elle m'effraya,
Et, dans l'excès de ma torture,
Tout mon corps en roc se changea.

Elle me dit avec colère :
« Je ne suis pas ce que tu crois ».
Je tremblais, et dans ma misère
Je dis tout bas : « Ah! si je vois
» S'amollir la roche cruelle
» Qui me ravit ma liberté,
» Il n'est pas de douleur nouvelle
» Que je n'accepte avec gaîté.

» Amour, rends-moi le don des larmes! »
Alors je n'étais plus captif ;
Je m'accusai de mes alarmes,
Et me sentais plus mort que vif.
Mais ma plume, en vain empressée,
Sur le papier se hâte et court,
Moins rapide que la pensée ;
Et je trouve le temps trop court.
Bien plus de faits qu'on ne peut croire
Se sont gravés dans mon esprit ;
Mais les plus dignes de mémoire
Sont les seuls que ma plume écrit.
On ne m'avait laissé l'usage
D'aucun secours libérateur,
Pour reconforter mon courage
Et ravir au trépas mon cœur.
On m'interdisait ma voix même.
En vers alors peignant mon sort,
J'écris : « Arbitre de moi-même,
» Vous seule aurez causé ma mort ».

Lorsqu'ainsi je demandais grâce,
Je croyais être sous ses yeux ;
Cet espoir faisait mon audace :
Si pour l'humble on est dédaigneux,
Parfois il excite la crainte.
Moi, revêtu d'obscurité,
Dont la lumière était éteinte,
Après avoir de tout côté

Recherché son ombre ou sa trace,
Je me jetai sur le gazon
Comme un homme que le sort lasse,
Maudissant un cruel rayon.
Un lourd fardeau du cœur s'allége,
Quand les pleurs coulent à leur gré.
Comme au soleil se fond la neige,
En pleurs je fondis par degré.
O malheur! j'allais disparaître
Dans un enchantement nouveau,
Oui, pour toujours au pied d'un hêtre
Il fallut devenir ruisseau!
Bien long-temps dura cette peine,
Détestable prix de ma foi!
Quel autre, dans la race humaine,
Subit une si dure loi?

L'âme, que Dieu fit noble et sage,
(Lui seul ainsi peut la donner),
De son créateur est l'image;
Aussi sait-elle pardonner.
Quand devant elle on s'humilie,
Aux maux elle sait compatir;
Mais long-temps il faut qu'on la prie
Pour lui prouver le repentir.
Elle est miséricordieuse,
Lorsque l'on craint de l'offenser;
Mais, si la douleur est douteuse,
On est près de recommencer.

Ma dame, enfin impartiale,
Daignant me regarder, vit bien
Qu'au tort ma peine était égale,
Et me rendit mon sort ancien.
Au monde peut-il être un sage
Que rassure un appui mortel!
Je repris mon cruel servage,
Et j'encensai le même autel.
Un jour, implorant mon idole,
Je devins une pierre!... Hélas!
J'avais conservé la parole,
Et je demandai le trépas.

Esprit de deuil et de souffrance,
J'habitai les antres déserts.
J'y pleurai long-temps mon offense,
Et vis un terme à ce revers.
Je revins à ma forme humaine,
Peut-être afin de plus souffrir.
Je repris l'espérance vaine,
Et toute l'ardeur du désir.
Un jour que j'errais sur sa trace,
A la manière du chasseur,
Le ciel, secondant mon audace,
Dépassa le vœu de mon cœur;
Sous l'ombre épaisse d'un vieux chêne
Je vis mon altière beauté
Se baignant dans une fontaine,
Pendant les ardeurs de l'été.

J'étais près de celle que j'aime,
Pouvant ainsi la contempler!
J'éprouvais un plaisir extrême
Que rien ne saurait égaler.
Elle rougit, et par vengeance
Me lança quelques gouttes d'eau.
O prodige! mon existence
Venait de changer de nouveau :
J'étais devenu cerf!... la fuite
M'emportait sur l'aile des vents,
Et de mes chagrins la poursuite
Me semblait des chiens dévorans.

Mais je ne fus pas la nuée
Répandant sa riche vapeur,
Et du grand Dieu de l'Empyrée
Soulageant la brûlante ardeur.
Je fus cette flamme suprême
Qu'un seul regard peut allumer;
Je fus l'aigle qui sait aimer,
Portant aux cieux l'objet qu'il aime;
Et, dans ces divers changemens,
Au laurier je restai fidèle :
L'attrait de son ombre immortelle
Empêche d'autres sentimens.

SONNET 20.

Il se plaint de n'avoir pas reçu le prix auquel il osa prétendre.

Mes vers ne furent pas heureux :
On n'a point placé sur ma tête
Le feuillage vainqueur de la foudre des dieux,
Et fidèle espoir du poète.

Pallas m'a refusé cet honneur immortel ;
On ne me verra plus ensencer son autel.
En perdant ce trésor noble et digne d'envie,
Ah ! croyez-moi, j'ai plus souffert
Que le proscrit errant dans un vaste désert
De la brûlante Éthiopie.

Cherchez donc, ah ! cherchez ailleurs,
Un ruisseau dont l'eau précieuse
Soit plus paisible et plus heureuse ;
Quant à moi, je n'ai que des pleurs.

SONNET 21.

A un amant qui, après un dépit d'amour, retourne à sa maîtresse.

Je vis pleurer l'Amour, moi, qui le suis sans cesse,
Comme lui je pleurai sur l'horrible tourment,
    Triste prix de votre tendresse,
    Et d'un si doux engagement.

Maintenant qu'au bonheur Dieu ramène votre âme,
Au ciel avec ardeur j'ose élever mes mains;
Je rends grâce à ce Dieu protecteur des humains;
Le faible obtient de lui le secours qu'il réclame.

Vous avez rencontré des obstacles nombreux,
Pour nouer de nouveau ce lien regrettable.
    Ce fut un avis mémorable.
    Il faut des efforts douloureux
    Quand il s'agit d'un but heureux;
    Plus le trésor est désirable,
    Plus le chemin est dangereux.

SONNET 22.

Sa joie en apprenant le retour de ce même ami à une vie d'amour.
Il invite les poètes à célébrer ce retour.

Quand, vainqueur des flots orageux,
Le vaisseau battu par l'orage
Peut enfin acquitter ses vœux,
Dans la douce paix du rivage,
Et quand le captif attristé,
En recouvrant sa liberté,
Voit finir sa longue misère,
Ils sont bien moins heureux que moi,
Puisqu'en ce jour enfin je voi
Déposer l'arme meurtrière
Qui fit à mon seigneur la guerre,
Et causa le plus long effroi.

Vous, que le dieu des vers inspire,
Fêtez le chantre de l'amour,
Célébrez sa touchante lyre,
Célébrez surtout son retour.
Car au séjour de l'indulgence,
Dans ce royaume où les élus,
Guidés par leur sainte espérance,
Reçoivent le prix des vertus,
On accordera beaucoup plus
Au repentir qu'à l'innocence.

SONNET 23.

Afin d'engager un de ses amis à ceindre l'épée pour Jésus-Christ, il lui annonce l'entreprise de l'empereur Charles IV contre les infidèles et le retour du pape Jean XXII dans son antique séjour.

Celui qui sur son front a reçu la couronne
Que de Charle illustra le règne ambitieux,
S'arme pour abaisser la fière Babylone,
    Et ses enfans présomptueux.

Le Vicaire du Christ, que l'éclat environne,
Tout fier des droits puissans qu'il a reçus des cieux,
Retourne à Rome où fut son berceau glorieux.

De la douce brebis la faiblesse touchante
    Triomphe des loups ravisseurs;
    Ainsi d'adultères ardeurs
    N'ont qu'une durée impuissante.

    De l'absence de son époux
    Rome est tristement occupée;
    Donnez-lui les soins les plus doux,
    Et pour le Christ ceignez l'épée.

CANZONE 2ᵉ.

Il s'adresse à un personnage, dont le nom est ignoré, pour l'engager à réchauffer par ses discours et par ses écrits les cœurs italiens, au moment où l'empereur part pour son voyage d'outre-mer.

O toi, souveraine beauté,
Toi que le paradis réclame,
Noble, chaste, heureuse et belle âme,
Qui revêts notre humanité
Comme une élégante parure
Et non comme un poids odieux,
Amie et servante des cieux,
Pour que ta route soit plus sûre,
D'Occident un vent protecteur
Souffle sur ta barque bénie;
Il t'enlève à la terre impie,
Et te mène en un port meilleur.
A travers ce val déplorable,
Où nous expions mainte erreur,

Laisse-le te guider sans peur
Vers ton Orient véritable.

Les larmes de la piété
Et ses prières ingénues
Aux pieds du Très-Haut sont venues
Faire un appel à sa bonté.
Jamais l'éternelle justice,
Qui cède aux mérites réels,
Et se rend aux vœux des mortels,
Ne se montra sitôt propice.
Le Roi, qui gouverne les cieux,
Vers le lieu saint de sa souffrance
Tourne les yeux de la clémence,
Et ranime les cœurs pieux.
A l'honneur d'un Charle il inspire
La vengeance de l'univers :
L'Église a secoué ses fers,
Babylone tremble et soupire.

La Garonne ainsi que le Rhin,
Le Rhône et la cime Alpienne
Suivent la bannière chrétienne
Comme on le fait au bord marin.
De l'horizon aux Pyrénées
On s'assemble de toute part,
Et l'Aragon lui-même part
Des Espagnes abandonnées.

Tous les fiers enfans d'Albion,
Et ceux des colonnes d'Alcide,
Et ceux qu'a vus naître l'Élide,
Et ceux qu'a nourris l'Hélicon,
Différens de mœurs, de langage,
Marchent vers le même succès.
Pour quelle autre cause jamais
Vit-on s'armer tant de courage!

Il est un sauvage séjour,
A l'écart, dans un sombre espace,
Sous les neiges et sous la glace,
Et bien loin de l'astre du jour.
Sous ce ciel fécond en orages,
Existe un peuple de soldats
Né pour la gloire, les combats,
Les conquêtes et les ravages.
Il est l'allié des Germains,
Et leur imitateur fidèle.
Voyez, armés du même zèle,
Arabes, Turcs et Chaldéens.
Avec la même confiance
Voyez ce peuple non moins fier,
Qui ne sait pas ceindre le fer,
Mais remet aux airs sa vengeance.

Pour briser un joug odieux
Voici le moment favorable;

Levez le voile détestable
Qui de clarté privait vos yeux.
Que votre sublime génie,
D'Apollon bienfait immortel,
Dans des discours dignes du ciel
Montre ta puissance infinie.
Mais, si d'Orphée et d'Amphion
Nous méconnaissons l'harmonie,
Comment croire que l'Italie
T'écoute avec émotion!
Pourtant, la lance qu'on admire,
Tu la prends au nom du Sauveur :
Jamais sujet inspirateur
Ne fut plus digne de la lyre.

Chercheur du bien le plus réel,
Dans des loisirs dignes du sage
Tu trouves les dons du vieil âge,
Et tu ravis des feux au ciel.
Du fils de Mars au grand Auguste,
Tu le sais, trois fois le laurier
De Rome orna le front guerrier.
Chaque fois la cause était juste;
Mais il s'agissait d'étrangers.
Serait-elle moins généreuse,
Et pour une cause pieuse
Comptera-t-elle les dangers?
Soldat d'une sainte patrie,
Vois d'un côté l'humain espoir,

De l'autre le divin pouvoir ;
Il s'agit du fils de Marie !

Songe à l'audace de ce roi
Qui, pour vaincre notre rivage,
A la mer même fit outrage ;
Vois toute l'Asie en émoi
Expier l'orgueil de ses armes,
Les Persans dans les fers rugir,
Et de leur sang l'onde rougir ;
Compte leurs veuves et leurs larmes.
Lis dans le passé l'avenir :
Au petit nombre est la victoire ;
Léonidas est-il sans gloire,
Et Marathon sans souvenir ?
Soumets ta foi persévérante
Au ciel, et qu'un Dieu protecteur
Reconnaisse au fond de ton cœur
Ta gratitude prévoyante.

En Italie allez, mes vers,
Sur la rive chère et sacrée
De cette contrée honorée
Qui sut dominer l'univers.
Ni ses fleuves, ni ses abîmes
Ne m'y défendent le retour ;
Les seuls obstacles sont l'amour
Et mes fers cruels et sublimes.

Le délire naît de l'ardeur
Qui me dévore et qui m'enflamme.
Mais, ô vers qu'enfante mon âme,
Au nom de notre antique honneur,
Craignez que l'on ne vous confonde
Avec les vers, que ma douleur
Publie, et qu'arrache à mon cœur
Un autre amour maître du monde.

CANZONE 3e.

Il veut et ne veut pas cesser de l'aimer.

Jamais des vêtemens verts, rouges, bruns ou bleus
N'ont paré, sur la terre, une femme si belle ;
    Et l'or tressé de ses cheveux
    Ne brilla jamais avant elle.
Elle seule à mon cœur ravit la liberté
Sous le poids accablant d'une charge cruelle !
    Et j'ai perdu ma volonté,
    Pour avoir été trop fidèle.

Si parfois la douleur m'arrache à mon devoir,
Si mon âme à la fin pour la plainte est armée,
    N'écoutant que le désespoir,
    Et par la vengeance animée,
Mon cœur, en la voyant, perd tout mauvais vouloir ;
A l'instant même il sent s'éteindre son délire ;
    Le seul plaisir de la revoir
    Lui fait oublier son martyre.

Quel tourment pour l'amour j'ai déjà supporté !
Que d'autres je devrai pour lui souffrir encore,
    Jusqu'à ce que sa cruauté
    Guérisse un cœur qu'elle dévore !

Mon mal serait vengé par la main qui l'a fait !
Puisse, puisse du moins le succès que j'espère
    N'être pas bientôt le jouet
    De l'orgueil et de la colère !

Mais le jour et l'instant, où mon œil ébloui
Dans l'ombre vit briller et le lys et l'ébène,
    Qui, dans un cœur maître de lui,
    Fixèrent l'auteur de sa peine,
Ont commencé mon deuil par de nouvelles lois.
Devant ce pur flambeau, cet astre de notre âge,
    A moins d'être métal ou bois,
    Comment garder un cœur sauvage !

Les pleurs, que j'ai versés sur les barbares traits,
Qui firent de mon sein la première victime,
    N'ont pas affaibli mes projets
    Ni le tendre espoir qui m'anime.
Le chemin que je suis ne va pas à l'erreur.
L'être adoré, vers qui mon âme heureuse aspire,
    Et d'où me vint tant de douleur,
    S'attendrira sur mon martyre.

Je laisse mon esprit incertain et rêveur.
Dans l'état où je suis, une amante célèbre
    Tourna le fer contre son cœur.
    Et j'ai fui l'asile funèbre !
Pour arriver au ciel, c'est le plus court moyen.
Je n'ose mesurer ce long pèlerinage !
    Mon navire est encor trop sain,
    Et je suis bien loin du rivage !

Étoiles, que l'on vit briller d'un feu plus doux,
Pour protéger l'instant qui la donnait au monde,
    Sur la terre elle est comme vous
    Brillante en une nuit profonde.
Le laurier, qui m'est cher, offre encore à mon cœur
Une trop véridique et séduisante image,
    Gardant intacte sa couleur,
    Malgré l'air impur et l'orage.

Je sais bien que vouloir illustrer dans des vers
Ses hautes qualités dignes de la mémoire
    Comme des vœux de l'univers,
    Serait prétendre à trop de gloire.
Celle qui, de mon cœur, dispose sans retour,
En elle réunit ce que le monde admire
    Et tous les trésors que l'Amour
    Distribue en son vaste empire.

SEXTINE 2e.

Il se propose de l'aimer jusqu'à la mort.

  Sous un vert et jeune *laurier*,
   Que mon sincère amour protége,
 Et sur lequel mon front se plaît à s'appuyer,
 Je l'aperçus plus blanche et plus froide que *neige*.
 Elle ne semblait pas avoir souffert long-temps
   Ni des rigueurs de la nature,
   Ni du pesant fardeau des *ans*.
   Son doux regard, sa *chevelure*,
   Son air, son souris gracieux,
 Ajoutaient tant de charme à sa beauté naïve
 Qu'elle est et restera toujours devant mes *yeux*,
   Et sur les monts et sur la *rive*.

   Je veux que ma constance ar*rive*
   A ne plus voir sur le *laurier*
   La feuille verdoyante et vive,
   Dont se parait son front altier.
 En sachant supporter le malheur on l'abrége.
 J'aurai calmé mon cœur, j'aurai séché mes *yeux*.
 Peut-être verrons-nous alors brûler la *neige*,
   Et même se glacer les feux.

SONNET 30.

Il se plaint des obstacles qui l'empêchent de voir deux yeux qui lui sont chers.

Non, non, Orso, mon cœur se soumettra toujours
A la mer qui permet d'entrevoir le rivage,
Aux murs, aux lacs, aux bois, à ce sombre nuage
Qui promet à la terre un humide secours.

Je n'ai jamais trouvé qu'un seul obstacle à craindre,
Un seul qui m'opposât un pouvoir odieux,
C'est un voile importun tombant sur deux beaux yeux,
Et qui me dit : « Tu peux et languir et te plaindre ».

Ces yeux, qu'ont abaissés l'orgueil ou la pudeur,
Et qui lancent des feux dont mon âme est ravie,
Avant un juste terme arrêteront ma vie,
Et prématurément éteindront mon bonheur.

Mais d'une blanche main, trop habile à me nuire,
N'ai-je pas dû me plaindre aussi plus d'une fois ?
Contraire à mon bonheur et rebelle à ma voix,
Elle afflige mes yeux qu'elle avait su séduire.

SONNET 31.

Il s'excuse de ne pas s'être tourné avec assez d'empressement vers celle qu'il aime.

Comme l'enfant qui craint la main qui le flagelle,
J'appréhende avant tout l'assaut de deux beaux yeux,
Souverains de mon sort et de mon cœur fidèle,
Et je sens que, pour fuir, l'instant est précieux.

Il n'est pas de déserts ni de rive cruelle,
D'accès impraticable ou de monts sourcilleux,
Où mon désir ne puisse arriver sur son aile,
Pour éviter l'auteur de mon sort odieux.

Ainsi d'être venu trop tard si l'on m'accuse,
Si j'aurais dû hâter le mal qui me détruit,
Je ne crois pas du moins que je sois sans excuse.

Revenir sur ses pas, quand quelqu'un vous poursuit,
Dire à son cœur aimant : « Un vain effroi t'abuse » ;
Voilà de mon amour et le gage et le fruit.

SONNET 32.

Ayant besoin d'un livre de saint Augustin pour terminer un grand ouvrage, il prie pour la seconde fois un de ses amis de le lui envoyer.

Si l'amour ou la mort mettent leur frein barbare
    A la trame que je prépare,
    Si mes efforts sont arrêtés,
Et si de mes liens enfin je me sépare
    En unissant deux vérités,
Je pourrai terminer peut-être un double ouvrage
Avec le style ancien et le nouveau langage,
Et, j'oserai le dire avec timidité,
Même à Rome le bruit vous en sera porté.

Mais, pour faire une trame et complète et prospère,
    Résultats d'efforts infinis,
    Il me faut de ces fils bénis
    Que vous a transmis un Saint-Père.

D'où vous vient avec moi ce changement sévère ?
Pourquoi fermer des mains si promptes à s'ouvrir ?
Ouvrez-les, et bientôt vous verrez réussir
    Des choses dignes de vous plaire.

SONNET 33.

Quand elle quitte sa demeure habituelle, le ciel est troublé par les orages, et l'on voit s'attrister l'univers.

Quand l'arbre, qu'Apollon aima,
Et dans lequel il voit encore
La divinité qu'il adore,
Et que son amour transforma,
Est arraché de sa retraite,
La terre devient inquiète,
On entend le sombre Vulcain,
Dans ses grottes retentissantes,
Forger les flèches foudroyantes
De l'impitoyable Jupin.
Ce Dieu trouble alors la nature :
La foudre, les feux, la froidure
Ensemble tombent confondus ;
D'Apollon la vengeance altière
Cesse de donner la lumière
Aux lieux qu'elle n'habite plus ;
D'Orion l'étoile effrayante
Répand une juste épouvante
Parmi les nochers éperdus ;

Le terrible Mars et Saturne,
Sinistres envoyés des Dieux,
Versent alors du haut des cieux
De leur éclat l'horreur nocturne,
Junon s'irrite dans les airs,
Neptune est troublé dans ses mers,
La terre, les cieux, l'air et l'onde
Prouvent à l'envi que l'objet
De mon juste et constant regret
Mérite les regrets du monde.

SONNET 34.

Quand elle retourne dans sa patrie, l'air y devient plus serein et la terre semble se réjouir.

Dès qu'un sourire doux, gracieux et tranquille
    Fait rayonner ses nouvelles beautés,
      Le vieux forgeron de Sicile
      Suspend ses travaux redoutés.

      Car Jupiter alors dépose
Les armes dont le feu de l'Etna lui fit don,
      Et Junon se métamorphose
      Sous l'ardent regard d'Apollon.

Des bords de l'Occident un souffle nous arrive.
      Il guide les navigateurs,
      Il les amène sur la rive,
Et fait dans tous les prés épanouir les fleurs.

Les astres, que mes yeux jusqu'alors admirèrent,
      S'enfuient éclipsés à leur tour
      Par ce miracle de l'amour
      Pour lequel tant de pleurs coulèrent.

SONNET 35.

Pourquoi, dans une semblable circonstance, ce miracle manqua une fois.

Déjà neuf fois le Dieu du lumineux empire
    Avait paru, pour admirer
    Celle qui le fit soupirer,
Et pour laquelle aujourd'hui je soupire.
    Le fils de Latone, lassé
De la chercher en vain, dans sa douleur extrême,
    Errait comme un insensé
    Qui ne trouve plus ce qu'il aime.

    Affligé, sombre et retiré,
Il n'a pas reconnu le jeune et doux visage
Qui, jusqu'à mon tombeau pour moi cher et sacré,
    Et dans mes écrits célébré,
    Recevra mon constant hommage.

Mais aussi de douleur il semblait pénétré ;
Ses charmes attestaient sa secrète torture,
    Et néanmoins dans la nature
    Rien ne me parut altéré.

SONNET 36.

Elle n'a pas pitié de lui, et cependant des hommes cruels s'apitoyèrent sur le sort de leurs ennemis.

Le héros, dont le bras protégé par le sort,
Acquit en Thessalie une sanglante gloire,
  Semblant regretter sa victoire,
  Pleura sur son ennemi mort.

Le berger, qui vainquit un géant redoutable,
  Pleura sur ses enfans ingrats;
  Et Gelboé n'oublîra pas
Que David pour Saül ne fut point implacable.

Mais vous, que la pitié n'a jamais fait pâlir,
Vous, contre qui l'amour n'a que de vaines armes,
Lorsque de mille morts vous me faites mourir,
Je vois votre colère et ne vois point de larmes.

SONNET 37.

Il lui reproche de s'être éprise de sa propre beauté, en se voyant dans son miroir; et il lui rappelle l'exemple de Narcisse.

Mon rival, devant qui vous semblez si contente,
En répétant vos yeux, merveilles de l'amour,
Reçoit avec orgueil et vous rend à son tour
    Les beautés dont il vous enchante.

C'est lui qui vous donna le funeste conseil
De bannir votre ami de la douce retraite
Où vous resterez seule. Oh ! malheur sans pareil !
Je croyais mériter le bien que je regrette.

Un esclave, soumis à vos fers, sans espoir,
Devait-il redouter cette infortune extrême !
    Devais-je penser qu'un miroir,
    Tandis qu'il vous charme vous-même,
Excitant votre orgueil, ferait mon désespoir !

Si vous vous rappelez la funeste aventure
De Narcisse, craignez aussi sa triste fin,
Quoiqu'on n'ait jamais vu de pré ni de jardin
    Digne d'une telle parure.

SONNET 38.

Les ornemens, qui relèvent l'éclat de sa beauté, causent autant de blessures nouvelles; il est jaloux des miroirs où elle contemple son image.

Les perles, l'or de ses parures,
Et ces fleurs vermeilles et pures,
Qu'épargna de l'hiver la cruelle rigueur,
Sont d'actifs poisons pour mon cœur.

Mes jours sont dévoués aux larmes,
Je suis vieilli par les douleurs,
Et j'accuse surtout les miroirs séducteurs
Où vous étudiez le succès de vos charmes.
L'amour en fut témoin, et dès lors il se tut ;
Votre vanité lui déplut.
Le fleuve de l'oubli, qui causa mes alarmes,
Et qui fut chargé par le sort
De tourmenter ma vie et de causer ma mort,
Pour créer ces miroirs prête ses tristes armes.

SONNET 39.

Il s'excuse d'avoir reparu devant elle, malgré sa défense, pour ranimer les dernières étincelles de sa vie prête à s'éteindre.

Je sentais s'affaiblir, dans le fond de mon cœur,
Les esprits qui de vous reçoivent l'existence ;
On veut vivre, et pour vivre on trouve une puissance
    Dans un instinct conservateur.

Je permis à mes vœux toute leur violence
Sur une route, hélas ! trop féconde en erreur
Et dont j'avais perdu l'usage avec douleur ;
Je me fesais un jeu d'enfreindre une défense.

Par eux seuls entraîné, tout tremblant, tout honteux,
J'eus l'insigne bonheur de revoir deux beaux yeux
    Auxquels mon destin m'abandonne.

    Je mourrais s'il fallait vous fuir ;
Mais j'accepte la vie, et j'en saurai jouir,
    Car votre regard me la donne.

SONNET 40.

Amené en sa présence par l'invincible désir de lui raconter toute sa
peine, il perd devant elle toute sa résolution.

Les feux ne peuvent pas être éteints par les feux;
Un fleuve est-il jamais desséché par la pluie!
L'affinité toujours et s'augmente et s'appuie;
Les contrastes souvent s'alimentent entre eux.

Toi qui donnes, Amour, les pensers généreux,
Toi qui seul fais qu'une âme à deux corps est unie,
Pourquoi donc, de tes lois dérangeant l'harmonie,
Par l'excès du vouloir affaiblis-tu nos vœux?

C'est ainsi que le Nil, sorti de son mystère,
De son sublime bruit épouvante la terre,
Ainsi l'astre du jour obscurcit le regard;

Ainsi, d'un vif désir la triste inconséquence
Près de l'objet aimé perd de son assurance,
Et de la hâte on est puni par le retard.

SONNET 41.

Quand il paraît devant elle pour lui demander merci, les soupirs, les larmes et les paroles lui manquent à la fois.

Moi qui t'ai su toujours préserver du parjure,
Langue ingrate, j'ai dû m'attendre à ta faveur.
Mais, loin de me servir et de me rendre honneur,
Tu ne m'as accordé que mépris et qu'injure.

Plus de me secourir je te prie, et t'adjure,
Quand il faut du pardon implorer le bonheur,
Plus je rencontre en toi de gêne et de froideur,
Et ta parole est faible et ton aide peu sûre.

Tristes larmes, et vous, vous-même, chaque nuit
Malgré moi je vous trouve en mon sombre réduit,
Et mon âme n'obtient de vous nulle assistance.

Et vous, soupirs, si prompts à croître mes tourmens,
Vous vous perdez alors en longs gémissemens,
Et l'état de mon cœur est ma seule éloquence.

CANZONE 5e.

Il songe avec envie au repos des autres mortels.

A l'époque où le ciel s'incline
Pour porter à d'autres le jour,
La vieille et faible pélerine
Hâte le pas pour le retour.
Par l'espoir elle est ramenée
Vers le terme de sa journée.
Dans le repos de son réduit,
Chacun des tourmens de sa vie
Bientôt se dissipe et s'oublie ;
Mais le mien s'accroît dans la nuit.

Le soleil sur son char de flamme
Abandonne à la sombre nuit
Son empire qu'elle réclame
Sur les pas du jour qui s'enfuit.
Déjà des monts l'ombre allongée
Tombe sur la terre affligée.

C'est l'heure où l'ardent travailleur
Se remet encore à l'ouvrage,
En fredonnant le chant sauvage
Qui le console du labeur.

Il couvre sa table frugale
De ses mets trop peu succulens,
Que l'orgueil de la capitale
Avec dédain compare aux glands,
A ces fruits dont jadis le sage
Pour se nourrir faisait usage.
Que chacun jouisse à son gré.
Pour moi, dans ma triste demeure,
Je n'obtiens pas la paix une heure,
Du ciel contre moi conjuré.

Quand le pâtre dans son asile
Voit finir les rayons du jour,
Et s'approcher l'heure tranquille
Qui couvre d'ombre ce séjour,
Il se lève, et, suivant l'usage,
Laissant les bois, l'onde et l'herbage,
Il guide les bêlans troupeaux
Qu'il a soumis à sa houlette,
Et de joncs orne la retraite
Qui va protéger son repos.

Sans soin qui le trouble et l'égare,
D'un paisible sommeil il dort.

Et toi, pour moi toujours barbare,
Amour, tu redoubles ton tort.
Ta perfidie à ma sagesse
Présente encor l'enchanteresse,
Qui, pour me perdre, m'a séduit.
J'entends sa voix, je suis sa trace;
Hélas! la cruelle avec grâce
M'appelle, se cache et s'enfuit!

Pendant sa course vagabonde,
Le dur nautonier peut dormir.
Même il est bercé sur cette onde
Qui si souvent l'a fait gémir.
Le soleil, dans son char rapide,
Par delà les bornes d'Alcide,
Va porter le calme au malheur.
Et, dans ma triste destinée,
J'arrive à la dixième année
De tourmens sans consolateur.

Chantons; les chants calment la peine.
Le soir, je vois rentrer les bœufs
Las d'avoir sillonné la plaine,
Mais délivrés du joug affreux.
Pourquoi ma peine et mon injure,
Sans prix ainsi que sans mesure,
N'ont-elles pas de terme aussi?
Pourquoi faut-il que je soupire?

Pourquoi mon mal devient-il pire?
Et pourquoi suis-je seul ainsi?

Lorsque ma première pensée,
Préludant à mon avenir,
Sur son visage s'est fixée,
C'était pour mieux m'en souvenir!
Voilà le sujet de mes larmes,
De mes transes, de mes alarmes;
Voilà mon premier, mon seul tort.
Et son image s'est gravée
Dans un cœur qui l'a conservée,
Pour la garder jusqu'à la mort.

Ode, à mon triste sort unie,
Depuis un matin jusqu'au soir,
Ma douce et seule compagnie,
Mon nouvel et dernier espoir,
Veux-tu, d'une humeur vagabonde,
Chercher les éloges du monde,
Ou te charger de mon ennui,
De ses tourmens sauver mon âme,
Et voir de quelle ardeur m'enflamme
Le marbre qui me sert d'appui?

SONNET 42.

Effet possible d'un regard.

Quelques instans encore et la vive lumière,
Qui répand sur mes jours son éclat radieux,
    Allait apparaître à mes yeux,
En exerçant sur moi l'art qui la rend si fière.

Ah! puissé-je du moins me changer de manière
A rencontrer un cœur miséricordieux!
Soyons roc s'il le faut, mais mon air soucieux
Attestera toujours ma tristesse première.

Serai-je diamant, ou marbre de Paros,
Ou quelqu'autre caillou, qu'estime le vulgaire,
Prouvant par la pâleur et ma crainte et mes maux!

Ah! je serais du moins exempt de ma misère;
Et je n'envierais plus le vieillard solitaire
Qui protége Maroc à l'ombre de son dos.

BALLADE 3e.

Il la surprend lavant un voile.

J'ai vu ma bergère sauvage
Fidèle auteur de tous mes maux
Dans le limpide azur des flots
Laver l'écharpe où Laure a voilé son visage
Et de ses blonds cheveux les ondoyans anneaux.
Diane à son amant ne plut pas davantage,
Quand il la trouva nue au sein des froides eaux.
Depuis ce souvenir si fatal à ma vie,
Dans les heures chaudes du jour
Parfois la chaleur m'est ravie,
Et je sens un frisson d'amour.

CANZONE 6e.

A Cola di Renzo, qui semblait désigné par le destin pour ramener le peuple de Rome à la liberté antique.

Noble esprit, âme d'un héros,
Notre gloire et notre espérance,
Nous vîmes un terme à nos maux
En voyant naître ta puissance.
Instruis-nous, et de ses destins
Fais que Rome enfin se souvienne.
C'en est fait! parmi les humains
Il n'est de vertu que la tienne.

Le crime a fait notre malheur;
Il cherche et brave la lumière,
Et sur nos revers sans pudeur
Il élève sa tête altière.
Rome serait-elle toujours
Dans cet opprobre ensevelie!
Guerrier, viens à notre secours,
Viens, et réveille l'Italie.

Sans aide elle ne pourrait pas
Bannir la langueur qui l'opresse;

Elle n'attendait que ton bras,
Ton bras armé par ta sagesse.
Il s'est levé le jour vainqueur;
Notre fortune va renaître!
Rome, dans ton libérateur
Apprends à respecter ton maître.

Tribun, étends avec respect
Ta noble main sur ta patrie;
Et de l'état le plus abject
Relève sa tête chérie :
Jette un regard consolateur
Sur nos trop célèbres disgrâces,
Ah! si nous retrouvons l'honneur,
C'est à toi seul que j'en rends grâces.

Ces vieux murs encore redoutés,
Sur lesquels notre espoir se fonde,
Ces grands souvenirs respectés,
Qui servent de modèle au monde,
Ces morts, dont la terre à jamais
Voudra conserver la mémoire,
Présageant tes justes succès,
T'ont fait le gardien de leur gloire.

Illustres cœurs, qui n'êtes plus,
Mais qui pour nous semblez revivre,
Scipion, et toi fier Brutus,
Votre influence nous délivre.

Vous n'avez pu nous oublier,
Grandes âmes que Rome implore :
J'entends Fabricius crier :
« Ma Rome sera belle encore ! »

Si l'âme pure d'un mortel
Veille aux intérêts de la terre,
Nos ancêtres du haut du ciel
Demandent un terme à la guerre.
Ils voient leurs enfans alarmés
Par une défense stérile,
S'expatriant ou renfermés
Dans leurs foyers, douteux asile.

La vertu seule est sans succès;
Entre l'autel et la madone,
Le bandit rêve à ses forfaits;
L'impiété nous environne;
La cloche eut jadis des accens
Réservés pour un saint usage;
Aujourd'hui terreur de nos champs,
Elle annonce le brigandage !

Femmes, peuple, vieillards, enfans,
Troupe à la frayeur asservie,
Nonnes et moines, noirs ou blancs,
Sont tous fatigués de la vie.
Ils t'appellent à leur secours,
En te montrant plus de ravage

Que l'on n'en vit depuis les jours
Où l'on trembla devant Carthage.

Regarde la maison de Dieu,
Où règne l'élu de l'Église,
Et tu verras dans ce saint lieu
L'esprit fatal qui le divise!
Frappe quelques chefs oppresseurs,
Armés d'une jalouse rage;
Éteins leurs foyers destructeurs,
Le ciel bénira ton ouvrage.

Aigle, ours, lions, loups et serpens
Minent la colonne guerrière;
Mais, bravant leurs coups impuissans,
Elle s'élève plus altière.
La noble cause que tu sers,
Veut étouffer un germe aride,
Pour prix des maux qu'elle a soufferts
Pendant sa langueur invalide.

Depuis mille ans passés bientôt
S'est éteint le noble courage
Qui l'avait placée en lieu haut,
Afin d'y régner d'âge en âge.
Un peuple orgueilleux, inhumain
S'est soulevé contre sa mère.
Mais le salut est dans ta main :
Pour elle tu seras un père.

A des désirs aventureux
Souvent la fortune est contraire;
Tes efforts seront plus heureux :
Tu montras ce que tu sais faire.
Par ton génie et par ton bras
La fortune sera charmée;
Par ses faveurs tu recevras
Les trésors de la Renommée.

Jamais mortel ne s'est lancé
Dans une plus noble carrière :
Par toi seul sera rehaussé
L'éclat d'une patrie altière.
Elle a vu briller des héros
Qui la servaient dans sa jeunesse :
Tu fais mieux que tous tes rivaux
En rajeunissant sa vieillesse.

Près du Capitole, ô mes vers !
Est le héros de l'Italie
Tout occupé de l'univers,
Tandis que lui-même il s'oublie.
Dites-lui qu'il sait nos désirs,
Nos besoins, notre confiance,
Et qu'au nom de ses souvenirs
Rome lui demande vengeance.

BALLADE 4e,

TRADUITE EN RONDEAU.

Digne d'amour était la pélerine,
Qui me charma de sa grâce enfantine,
Et qui toucha mon trop sensible cœur.
Toute autre qu'elle a droit à moins d'honneur ;
Dès qu'on la voit, sans peine on le devine.

Sur le gazon un jour je m'achemine
En la cherchant ; la sagesse divine
Me dit : Reviens de ta funeste erreur
      Digne d'amour.

Je m'arrêtai sous une ombre voisine,
M'abandonnant à mon humeur chagrine,
Et contemplant mon mal avec terreur.
Hélas ! je suis un pauvre voyageur
Qui s'affaiblit, se consume et décline
      Digne d'amour.

BALLADE 5e.

Son feu ne s'éteint ni ne diminue.

Ce feu, que je croyais éteint
Par la glace des ans, vit encor dans mon âme ;
Comme autrefois je suis atteint
Par le martyre de sa flamme.

Des étincelles, je le vois,
Sous la cendre un grand nombre reste ;
Et je crains bien que, cette fois,
Mon erreur ne soit plus funeste.

Par les larmes que je répands,
Ma douleur, qui prend plus de force,
Se distille et calme mes sens
Et mon cœur qui contient l'étincelle et l'amorce.

Quels feux auraient pu résister
Aux eaux que de mes yeux on voit couler sans cesse !

L'expérience, hélas ! vient trop tard m'assister ;
Entre deux opposés l'amour met ma faiblesse ;

Il guide avec tant d'art son pouvoir oppresseur,
Il jette ses filets d'une façon si sage
Que, quand j'obtiens l'espoir de délivrer mon cœur,
Aux traits de la beauté je suis pris davantage.

SONNET 43.

A l'heure indiquée, il ne l'a pas vue.

    Avec cet aveugle désir
    Qui détruit mon âme captive,
    J'ai compté l'heure fugitive
    Qu'on m'avait promis d'embellir.

Quel nuage a flétri la semence chérie
Près du fruit qui semblait assurer le plaisir ?
    Quel monstre que j'entends rugir
    Pénétra dans ma bergerie ?
    Et quel mur vient-on d'établir
    Entre l'épi digne d'envie
    Et ma main qui l'allait cueillir ?

Malheureux ! je ne sais, mais j'ai pu reconnaître
Que, pour perdre ma vie au sein de la douleur,
    L'amour, mon trop funeste maître,
    Me donna cet espoir trompeur.

SONNET 44.

Ses instans de bonheur sont trop fugitifs et trop long-temps attendus.

Mon espoir est trompé, mon désir s'en augmente;
    Je suis las de ma longue attente.
Mes instans de bonheur sont bien lens à venir :
Et le tigre, emportant la brebis imprudente,
    N'est pas plus rapide à s'enfuir.

    La mer aura perdu ses ondes,
    Les hautes Alpes en poissons
    Tout-à-coup deviendront fécondes,
Les neiges tomberont en noirs et chauds flocons,
    Le soleil finira sa course
    Au-delà de ces bords sacrés,
Où le Tigre et l'Euphrate ont leur commune source,
    Et roulent leurs flots séparés,
Avant que je retrouve une paix salutaire,
    Ou que l'amour et la beauté,

Qui m'ont fait cette injuste guerre,
Aient enfin moins de cruauté.

Après tant de jours de tristesse,
S'il me survient quelque douceur,
C'est qu'un long abus de rigueur
Doit diminuer la tendresse ;
Je n'attends pas d'autre bonheur.

SONNET 45.

Au seigneur Agapito, en lui envoyant des présens.

Sur l'un de mes présens que votre front s'appuie :
Retrouvez un repos que bannissaient vos pleurs,
Et d'un tyran cruel redoutez les douceurs ;
On blanchit dans les jeux où sa ruse convie.

Que du côté du cœur l'autre armant votre main
A tout espoir d'amour interdise un passage ;
Que toutes les saisons vous trouvent calme et sage ;
Le tyran vous épie en ce trop long chemin.

Que mon troisième don serve pour un breuvage,
Peut-être amer d'abord, mais de qui la douceur
  Soit le bienfait d'un long usage,
  Et chasse les peines du cœur.

Ah ! tolérez l'orgueil d'une ardente prière !
  Protégez-moi dans l'avenir,
  Et gardez-y mon souvenir
  Comme on garde ce qui sait plaire.

BALLADE 6ᵉ,

TRADUITE EN RONDEAU.

Deux yeux et une chevelure le tiennent captif, même quand il est privé du bonheur de les voir.

Malgré l'amour, qui cause ma misère,
Et me punit d'une faute étrangère,
Je dois garder un espoir à mes vœux.
Il m'en souvient, l'or de ses blonds cheveux
Me dérobait la flèche meurtrière ;

De son regard l'indifférence altière
Blessa mon âme ; un instinct salutaire
Me révéla mon destin douloureux
      Malgré l'amour.

Puis je perdis la vue aimable et chère
De ses cheveux ; et la vive lumière
De son regard fuit mon cœur amoureux.
Puisque la mort protége un malheureux,
Je suis fidèle à l'espoir d'être heureux
      Malgré l'amour.

SONNET 46.

Imprécation contre le laurier.

L'arbre charmant que j'adorai,
Tant que ses beaux rameaux me prêtèrent leur ombre,
Vit fleurir mon esprit par lui seul inspiré
    Au milieu de chagrins sans nombre.

Depuis que j'abjurai mes trop longues erreurs,
Cet arbre, devenu sévère et redoutable,
    Est un monument trop durable
    Qui me retrace mes douleurs.

Eh ! que dira celui qu'un tendre amour inspire,
En voyant fuir l'espoir, ce trésor merveilleux
Que peut-être il reçut de mes accens joyeux
    Et des doux accords de ma lyre !

Ah ! ne sois plus chargé d'orner un front vainqueur !
Que Jupiter m'entende, et, vengeant mon injure,
    Te ravisse un injuste honneur !
Et puisse le soleil dessécher ta verdure !

SONNET 47.

Il se félicite de son amour.

Qu'ils soient bénis le jour, le mois, l'année,
La saison, l'heure, le moment,
Le pays, le séjour charmant,
Où le plus doux regard fixa ma destinée.
Qu'il soit béni le tendre et le premier chagrin
Qu'en s'unissant à moi l'amour me fit connaître.
Qu'ils soient bénis son arc et son dard assassin.
Qu'ils soient bénis l'empire de ce traître
Et la blessure de mon sein.

Qu'ils soient bénis mes accens et mes larmes
Et ma pensée et mes soupirs,
Et mes écrits et mes alarmes,
Et mon attente et mes désirs.
Qu'il soit béni le doux langage,
De mon fidèle amour durable monument.
Qu'il soit béni le cœur aimant
Où son empire est sans partage.

SONNET 48.

Il demande à Dieu de le ramener à des idées plus saines.

Père du ciel, après les jours que j'ai perdus,
    Après mes nuits longues et vaines,
Mes vœux, mon désespoir, mon attente, mes peines,
Et ces fantômes nés de mes sens éperdus,
Soutenez ma faiblesse ! Ah ! que votre lumière,
Dissipant mes erreurs, secondant mes projets,
Et de mon ennemi confondant les succès,
Signale à mes efforts une noble carrière.

Onze ans se sont passés, souverain Éternel,
Depuis que je languis sous ce maître cruel !
Au nom de votre croix, signe de délivrance,
Dans ce jour mémorable apaisez ma souffrance.

BALLADE 7e.

Un salut donné par compassion l'arrache à la mort.

Vos yeux ont aperçu la mortelle tristesse
Qui répand sur mon front sa funèbre pâleur.
Vous fûtes attendrie en voyant ma détresse,
Et votre doux salut a ranimé mon cœur.
Ainsi de vos beaux yeux, de votre voix céleste,
Je reçois comme un don le souffle qui me reste.
   Sur mon sort ils m'ont éclairé ;
Et, comme l'aiguillon qui rappelle à l'ouvrage
Le taureau fatigué de son long esclavage,
Ils ont su ranimer mon esprit à leur gré.
Les deux clefs de mon cœur sont dans vos mains encore.
Je ne m'en plaindrai pas ; je veux vous obéir ;
Et je m'embarquerai suivant votre désir :
   Tout ce qui vient de vous honore.

SONNET 49.

Elle ne pourra jamais sortir du cœur où le destin lui donne un empire sans partage.

Si vous pouviez jamais, en détournant la tête,
En irritant vos yeux si doux,
En vous montrant sans cesse prête
A fuir des vœux dignes de vous,
Effacer dans ce cœur la vive souvenance
Du laurier qui fonda sa plus chère espérance,
Je concevrais votre courroux.
Une plante en un sol aride
Se déplaît, et se montre avide
D'un déplacement bienfaiteur.
Mais, puisqu'au gré du sort vous êtes condamnée
A vivre toujours dans ce cœur,
Subissez votre destinée.

SONNET 50.

Désespérant de pouvoir jamais renoncer à l'amour, il fait un effort pour obtenir d'être aimé.

Je fus bien imprudent une première fois,
Quand un dard de l'amour commença ma souffrance,
Un progrès insensible établit sa puissance,
Et bientôt en tyran il m'imposa des lois.

Je n'aurais jamais cru sa constance capable
    De triompher de la valeur
    Et de la noblesse d'un cœur.
Présomption! voilà ton effet déplorable!

    Pour me défendre il est trop tard;
    Mais mon espérance dernière
    Est que ma timide prière
    De l'amour m'obtienne un regard.

    Je ne désire pas connaître
    Un apaisement à mon feu;
    Mais je veux l'inspirer un peu
    A la beauté qui le fit naître.

SEXTINE 3e.

Il compare ses sentimens aux phases de la nature.

L'air pesant, le sombre *nuage*,
Que presse la fureur des *vents*,
Signes avant-coureurs d'orage,
Ont glacé de terreur mes sens.
Bientôt nous reverrons la *pluie!*
Sur le cristal de nos *torrens*
Avec confiance on s'appuie;
Le deuil habite les *vallons*,
Et désenchante la nature;
Dans nos prés, au lieu de verdure,
On ne voit plus que des *glaçons*.

Dans mon cœur, abreuvé d'outrages,
Et non moins froid que ces *glaçons*,
La souffrance étendit un funeste *nuage*
Semblable à ceux qu'on voit obscurcir ces *vallons*,
Lorsque les *vents*, sur eux exprimant par leur rage
Une vengeance de l'amour,

Empruntent sa force à l'orage,
Et condamnent la *pluie* à perdre ce séjour.

La *pluie* en peu de temps se passe,
Et la chaleur entraîne et neiges et *glaçons*,
   Et des *torrens* accroît l'audace.
   A leur aspect nous frémissons;
Et dans le ciel alors il n'est pas un *nuage*
Que la fureur des *vents*, l'ardeur des tourbillons
   Ne fassent fuir devant leur rage,
   Et n'emportent de ces *vallons*.

Mais que fait à mon cœur l'éclat de ces *vallons!*
Pendant les jours sereins, comme pendant la *pluie*,
   De pleurs j'inonde mes sillons,
   Et jamais rien ne les essuie.
   Ah! qu'importent pour moi les *vents!*
   Que ce soit Éole ou Zéphire;
   Sur moi tous seront impuissans!
Mais qu'un jour la beauté, pour qui mon cœur soupire.
Laisse entre elle et moi fondre un rempart de *glaçons*,
Qu'un instant elle écarte un odieux *nuage*,
Dont sans cesse avec moi son orgueil fait usage;
Qu'elle me rende aussi sa voix et ses doux sons,
Du vrai bonheur alors reconnaissant l'empire,
J'en trouverai partout la source et les garans;
   Alors mon bienfaisant délire
Verra se dessécher mers, fleuves et *torrens*.

Tant qu'aux mers descendront et fleuves et *torrens*,
    Et tant que les troupeaux errans
    Aimeront le vert pâturage
    Et les mystères des *vallons*,
    Sur ses yeux sera le *nuage*
    Dont s'importune ma raison,
Et qui fit de mes yeux tomber la longue *pluie*
Que jamais une main favorable n'essuie.
Ah! ce même nuage enfanta les *glaçons*
Dont son cœur contre moi s'arme en mille façons,
Pour rendre mon humeur plus sombre et plus chagrine,
Pour m'inspirer des vœux plus tendres, plus ardens.
Orages de mon cœur, voilà votre origine!
De là contre ma nef se déchaînent les *vents*.

    Je dois bien pardonner aux *vents*,
    Puisqu'un souffle doux et tranquille
    A voulu qu'entre deux *torrens*
    J'eusse le plus aimable asile,
    Auprès des fleurs et des *glaçons*,
    Au milieu des beautés sans nombre,
    Qui peuplent ces rians *vallons*,
    Je ne chante et ne peins qu'une ombre;
    Et pas un seul instant mon cœur
    D'un autre objet ne se soucie :
    Qu'importe à mes désirs la *pluie*,
    Ou la froideur, ou la chaleur!
    Sans peur je vois venir l'orage
    Et sans regret fuir le *nuage*.

Vains regrets! désirs décevans
Du cœur qui sur l'espoir s'appuie !
Le rapide *nuage* emporté par les *vents,*
Les *torrens* gonflés par la *pluie,*
Ni les neiges, ni les *glaçons,*
Lorsqu'enfin le soleil visite
Nos collines et nos *vallons,*
N'ont pu disparaître aussi vite
Que s'est enfui de moi le jour
Le plus cher à mes vœux d'amour.

SONNET 51.

En Toscane, sur le bord de la mer, il aperçoit un laurier; il s'élance vers lui, et tombe dans un ruisseau.

Sur le sinistre bord de l'onde Étrurienne,
Où la vague gémit sous le flot qui l'entraîne,
Je vis l'arbre charmant aux rameaux toujours verts,
Cet arbre que j'ai dû célébrer dans mes vers.

Près de lui je crus voir une image chérie...
O d'un funeste amour déplorable magie!
L'erreur dans un abîme entr'ouvert sous mes pas
Me montrait le bonheur et cachait le trépas.
La lumière du jour me fut presque ravie.
Je rougis à la fin de ma fatale erreur;
La honte peut guider, elle enseigne l'honneur.

Un rayon du printemps a ranimé ma vie,
    Mais il ne peut guérir mon cœur.

SONNET 52.

Il écrit de Rome à Jacques Colonne que deux pensées partagent son cœur.

L'esprit religieux du pays de vos pères
    Ranime mon cœur abattu ;
    Je vois l'excès de mes misères
    Et la route de la vertu.
Mais d'un autre désir la puissance suprême
M'entraîne sur les pas de la beauté que j'aime ;
Et ces attraits rivaux avec la même ardeur,
Sans le vaincre jamais, se disputent mon cœur.

SONNET 53.

La poésie ne peut pas guérir de l'amour.

Je savais bien, Amour, que l'humaine raison
Sur toi n'exerce pas un déspotique empire.
De ton iniquité j'ai le droit de médire,
Après avoir connu ton cruel aiguillon.

Mais encor de nouveau j'en reçois la leçon.
Comme un indifférent je saurai la redire ;
C'est vers le bord toscan que j'ai pu m'en instruire,
Quand sur les flots amers je fuyais ma prison.

Oui, je fuyais tes mains, et sur l'humide voie,
En butte aux élémens, inconnu pélerin,
J'affrontais tous les maux auxquels l'homme est en proie ;

Quand mon cœur, trop soumis au pouvoir souverain
Qui me trahit, me sert, m'attire et me foudroie,
Apprit que nul ne peut éviter son destin.

CANZONE 7ᵉ.

Fatigué de ses longues plaintes, il veut chanter, mais il désire que ses accens soient dignes d'elle.

Où puis-je adresser désormais
L'espérance d'un cœur trop tendre?
C'est en vain que je chanterais,
Si personne ne veut m'entendre.
Mais, si j'obtiens quelque loisir
D'un Dieu que j'implore sans cesse,
Mes chants diront que le plaisir
Est d'accord avec la sagesse.

Après avoir tant soupiré,
Il est bien juste que je chante!
Puisse un jour un être adoré
Ouïr un chant qui la contente!
Et moi je bénirai l'Amour
Plus encor que je ne puis dire,
Si je découvre enfin un jour
Qu'elle aime les sons de ma lyre.

C'est pour vous que je fus perdu,
Illusions, vagues pensées :

J'ai pris un vol trop étendu,
Et mes ailes se sont lassées.
Le dédain m'a découragé,
J'ai vu mes espérances vaines;
Alors, afin d'être vengé,
J'ai pris des paroles hautaines.

Que dis-je!... où suis-je!... et qu'ai-je vu!
Mon cœur a-t-il été profane?
Dans le ciel je n'ai pas connu
De planète qui me condamne.
L'Amour seul m'a persécuté!
Croyez-en ce Dieu que j'atteste :
Mon malheur vient de la beauté,
Et non d'une étoile funeste

En sortant des mains du Seigneur,
Tout est parfait dans la nature;
Mais, jugeant sur l'extérieur,
J'aime une brillante imposture.
Pourtant des riches dons du ciel,
Au premier temps de mon jeune âge,
J'ai vu le mérite réel
Dans la plus adorable image.

CANZONE 8ᵉ.

Sur la puissance de ses yeux.

Trop débile est l'esprit humain,
Et trop passagère est la vie ;
Aussi voit-on qu'en tout dessein
D'elle et de lui je me défie.
Mais j'espère que ma douleur
A son but sera parvenue ;
La plainte muette du cœur
Ne peut pas être méconnue.

Doux nid du tendre amour, beaux yeux,
Je veux vous rapporter ma lyre ;
Si mon talent est paresseux,
Du moins le sentiment l'inspire.
En s'occupant d'un tel secret,
On sent que l'on se purifie :
Je viens vous dire le secret
Qui fait le destin de ma vie.

Non que je ne sache aussi
Que ma louange est une injure,
Que pour des traits si haut placés
Ma bouche n'est pas assez pure.
Mais je n'ai pu vaincre un souhait
Qui soumet mon cœur et l'inspire
Depuis le jour où ce sujet
Vint décourager toute lyre.

Principe de mon doux malheur,
Seule vous auriez dû m'entendre,
Tandis qu'à vos rayons mon cœur
Fondait comme une neige tendre;
Quoique votre noble courroux
De mon indignité s'offense,
J'aime mieux mourir près de vous
Que vivre hors de votre présence.

Si ce foyer, sujet d'effroi,
N'a pas achevé ma ruine,
La cause ne vient pas de moi,
Mais de la peur qui me domine.
Des vœux que j'adresse à la mort
Vous êtes témoins, val, fontaine,
Prés, forêts! mon cœur est plus fort,
En songeant à ma fin prochaine.

Sans être plaint, et sans espoir
Je fuis, mais je meurs si je reste.

Depuis long-temps je dois vouloir
M'arracher à ce sort funeste.
Pourquoi me conduis-tu, douleur,
Hors du chemin que je veux suivre?
Laisse-moi chercher mon bonheur
Dans les lieux où j'aspire à vivre.

Regards mortels, regards divins,
De vous je ne viens plus me plaindre;
Guidé par l'amour, je m'astreins
A vous vénérer, à vous craindre.
Sur mes traits on peut découvrir,
En rayons de sang et de flamme,
Ce que vous me faites souffrir,
Trop chers souverains de mon âme.

Astres éclatans et joyeux,
Vos délices sont incomplètes,
Mais, si vous regardez mes yeux,
Vous comprenez ce que vous êtes.
Si votre incroyable beauté
Était de vous-même connue,
Votre cœur serait enchanté
Comme on l'est quand on vous a vue.

Astres du ciel, on est heureux
D'être sous votre charme aimable;
La splendeur seule de vos feux
Rend pour moi la vie adorable.

Avares d'un cruel bonheur
Pour qui je suis insatiable,
Cessez de dépouiller mon cœur,
Laissez-lui sa joie ineffable.

Grâce à votre pitié, je sens
Au fond de mon âme fidèle
Une joie étrangère aux sens,
Une douceur calme et nouvelle.
Et tout autre penser pour moi
Disparaît sans laisser de trace ;
Un seul reste, et prescrit sa loi ;
Et celui-là rien ne l'efface.

Si ce bonheur pouvait durer,
J'en ressentirais trop de joie ;
Et, l'orgueil venant m'inspirer,
Des jaloux je serais la proie.
Mais bientôt vos regards vainqueurs
Veulent que je rentre en moi-même ;
Et je dois payer par des pleurs
La béatitude suprême.

Quand votre charme bienveillant
A mon triste esprit se révèle,
Il me semble que mon talent
Rendra ma mémoire immortelle.
Ainsi doit survivre mon cœur
A sa trop durable souffrance,

Et l'on connaîtra mon malheur,
Malgré la tombe et son silence.

A votre aspect fuit ma douleur,
Et votre départ la ramène;
Mais vous comprenez mon ardeur,
Sans pouvoir partager ma peine.
Sans vous je n'eusse rien produit
Qui pût vivre dans la mémoire;
Si mon champ laisse quelque fruit,
A vous en appartient la gloire.

ENVOI.

O ma plainte, loin de calmer
Mon cœur, et de le rendre sage,
Vous ne faites que l'enflammer,
Et son mal s'accroît davantage.
Elle rend plus dure sa loi,
Sa puissance en est plus altière;
Éloignez-vous, mais, croyez-moi,
Vous ne serez pas la dernière.

CANZONE 9e.

Même sujet.

O vous, que mon cœur aime et que mon âme admire,
Je vois dans vos regards une douce lueur,
Qui me montre un sentier vers le divin empire,
Et me fait pénétrer jusques au fond du cœur
Berceau de mon martyre et tyran de mon âme.
Le guide de ma vie est cette même flamme ;
C'est elle qui m'entraîne au terme glorieux,
Et du monde vulgaire a détourné mes yeux.
Les dons que m'octroya cette lueur divine
A mon cœur confiant prouvent son origine.
Je ne pourrais décrire en de mortels accens
Le charme pénétrant qui vient d'elle à mes sens,
Quand le cruel hiver redevient notre maître,
Ou quand la jeune année enfin a fait renaître
      Le jour de mes premiers tourmens.

Si les œuvres de Dieu parmi nous sont si belles,
S'il les montre à nos yeux sous des traits si divins,

Que devons-nous penser des œuvres éternelles
Que dérobe la vie à nos regards humains !
Pour mériter enfin ma posthume conquête,
Que ne puis-je briser la chaîne qui m'arrête !
Et bientôt l'on me voit esclave fortuné
Bénissant mes destins et l'heure où je suis né,
Puisque je fus promis à tant de jouissance.
Mais je bénis surtout l'adorable puissance
Qui délivra mon cœur d'un désolant ennui,
Et lui montra le ciel en lui servant d'appui.
Dès ce jour je cessai de déplaire à moi-même,
Et mon cœur fut heureux de voir sa loi suprême
    Dans l'astre qui brillait pour lui.

Un mot qu'elle m'adresse, un regard qui vient d'elle
Me compose un trésor sans égal et sans prix.
Jamais l'amour, jamais la fortune infidèle
N'ont rendu plus heureux leurs plus chers favoris.
De tous mes biens je trouve en elle l'origine ;
A moi, débile plante, elle sert de racine.
De ma mourante vie angélique splendeur,
C'est en vous que naquit ma déplorable ardeur.
Auprès de votre éclat, dont ma tendresse est fière,
On voit s'évanouir la plus vive lumière.
Ainsi tout autre objet s'échappe de mon cœur,
Lorsqu'en mon sein heureux descend votre douceur ;
Je sens bien loin de lui fuir toute autre pensée ;
Nulle autre image alors n'y demeure tracée ;
    Il n'y reste que ma ferveur.

Le charme dont le cœur le plus aimant s'inspire,
Les exemples cités aux fastes de l'amour
Ne sont que peu de chose auprès de mon délire
Et du feu que je sens croître en moi chaque jour,
Quand vous tournez vers moi cette noire prunelle
Et l'opale irisée où la flamme étincelle.
A la source mon cœur reconnaît le bienfait,
C'est le ciel qui l'accorde à mon sort imparfait.
Secondant mainte fois ma déplorable étoile,
Votre cruelle main laisse tomber son voile,
Ou, pour mieux me prouver l'ardeur de son courroux,
Se place entre mes yeux et des objets si doux.
Ainsi croît nuit et jour l'homicide souffrance,
Ainsi s'anéantit la dernière espérance
      Dans un cœur tout rempli de vous.

Il me faut un regard pour mon bonheur suprême,
Car j'ai reçu du sort le fatal don d'aimer;
Mais, hélas! je le vois pour ma douleur extrême,
Je ne possède pas ce qu'il faut pour charmer.
Tâchons de mériter un espoir qui m'honore,
Tâchons d'intéresser au feu qui me dévore.
Si je puis devenir rapide pour le bien
Et tardif pour le mal, si je ne prise rien
De ce qui réussit sur la scène vulgaire,
L'estime la rendra peut-être moins contraire
Le terme de mes pleurs et de mes longs tourmens

Ne peut être marqué que par ses yeux charmans
Vers lesquels mon regard sans cesse se hasarde ;
J'invoque leurs secours, je me mets sous leur garde
      Comme le font les cœurs aimans.

ENVOI.

Un sujet si fécond me pénètre et m'inspire ;
Allez, tendre élégie, interprète du cœur,
En implorant pour moi précéder votre sœur ;
Vous en dites beaucoup, mais j'en ai plus à dire.

CANZONE 10e.

Même sujet.

Puisque le ciel le veut, puisque mon sort l'ordonne,
Puisqu'il faut que je cède à cet ardent désir
Qui toujours persécute et jamais n'abandonne,
Acceptons le destin, et sachons le subir;
Mais qu'au moins la clémence à tes arrêts préside;
Amour, sois mon soutien, mon escorte et mon guide.
Mets d'accord mes écrits avec mes vœux secrets,
Et protége toujours mes trop chers intérêts.
Dans ce mystère heureux mon cœur seul peut atteindre:
Sans toi, ce que je sens, je ne pourrais le peindre.
Trop souvent mon esprit, faisant un vain effort,
De ma débile verve a reconnu le tort.
Elle a fait cependant ma joie et mon martyre,
Et dans un tendre hommage, enfant de mon délire,
  J'ai trouvé ma vie et ma mort.

Hélas! je me flattais, en commençant ma tâche,
D'y trouver quelque paix, quelqu'instant de repos,

Une trêve amoureuse, une douce relâche.
Vain répit que l'amour promettait à mes maux !
Un cruel repentir naquit d'une espérance
Qui m'abandonne en proie à toute ma souffrance.
Mais reprenons encor l'œuvre que j'entrepris,
Et supplions l'Amour d'inspirer mes écrits,
Car en moi désormais la sagesse est éteinte,
Et d'une ardeur sans frein ma tendresse est atteinte.
Toi, qu'adopta ma lyre, et que j'ai tant prié,
Amour, ne souffre pas que je sois oublié :
Donne-moi des accens pour charmer son oreille,
Et permets que du moins un doux accord éveille
  Au fond de son cœur la pitié.

Ah ! si, dans l'âge heureux où l'honneur véritable
Vers de dignes objets élevait les esprits,
La science à travers un péril redoutable
Allait chercher au loin les choses d'un vrai prix,
Et cultivait la fleur de la philosophie,
Plus facile est pour moi l'œuvre que j'édifie :
La nature, l'amour et le divin seigneur
Ont placé près de moi l'exemple le meilleur
De toutes les vertus. Mon âme s'en éclaire,
Et sans lui dès long-temps eût dédaigné la terre.
Source de mon salut, oracle du devoir,
C'est dans son sein toujours que se plut mon espoir
A chercher, à trouver le remède à ma peine;
Et, lorsque vers la mort le désespoir m'entraîne,
  Pour vivre il suffit de le voir.

On voit le vieux pilote, à travers la tempête
Qui ballotte sa nef, l'assiége ou la poursuit,
Pour trouver un secours lever sa noble tête
Vers deux astres sauveurs qui brillent dans la nuit.
A deux astres aussi mon cœur dans ses orages
Demande un ciel paisible et de calmes rivages.
Quelques bienfaits, pour moi dérobés chaque jour
Au gré de mon désir par les soins de l'amour,
Sont bien plus précieux que tout don volontaire :
C'est par eux que je tiens encor à cette terre.
Depuis que je connais cet ineffable bien,
Je n'ai plus d'autre but comme d'autre soutien ;
Il domine ma vie, orne mon existence,
Illustre la carrière où marche ma constance,
  Et sans lui tout pour moi n'est rien.

Je ne pourrai jamais exprimer sur ma lyre
L'effet que de doux yeux produisent dans mon cœur.
J'en éprouve un transport qui va jusqu'au délire ;
Pour tout autre plaisir je ressens peu d'ardeur ;
Et toute autre beauté pour moi reste en arrière.
Je ne veux que la paix, une calme carrière,
Un repos tout semblable au repos immortel
Que goûtent les vertus au sein de l'éternel.
A ce sort ineffable avec raison j'aspire :
Deux yeux l'enfanteront pour moi d'un seul sourire.
Mais, pour que mon regard toujours tendre et constant
S'initie à ce jeu que l'amour seul entend,
Pendant un jour, soleil, suspends ta course altière,

Et, pour mieux admirer, je veux que ma paupière
    Ne se ferme pas un instant.

Malheureux que je suis d'avoir un cœur sensible,
De ne pouvoir changer, de sans cesse vouloir
A l'immuable sort demander l'impossible,
De vivre d'un désir privé de tout espoir !
Quand ce spectacle arrive à ma vue étonnée,
Si ma langue n'était par l'amour enchaînée,
De quels nouveaux accens empruntant les ardeurs,
Ma plainte irait porter le trouble au fond des cœurs !
D'ailleurs puis-je chanter quand ma douleur fatale
Ne me laisse jamais un moment d'intervalle !
Tantôt mon sang bouillant circule avec effort,
Et tantôt il se glace et perd tout son ressort.
Sans pouvoir la guérir, je comprends ma misère.
Que ne m'est-il donné d'expliquer ce mystère !
    De mon silence vient ma mort.

ENVOI.

Mes vers, je sens déjà que ma plume lassée
Refuse son service au besoin de mon cœur,
Me ravissant ainsi ma dernière douceur,
Et me livrant en proie à ma sombre pensée.

SONNET 54.

Il s'étonne d'avoir pu tant penser et tant écrire sur le même sujet, et d'avoir suivi dans tant de pays divers les mêmes traces.

Je suis las d'être en proie aux stériles désirs
Qui m'entraînent toujours vers le sort que j'envie.
Comment ne pas avoir abandonné la vie,
    Et mis un terme à mes soupirs!

Pour vanter vos regards, vos traits, votre visage,
Tout ce qu'en vous mon cœur trouva digne d'amour,
Pour chanter votre nom et la nuit et le jour,
Comment trouver encor des accens, un langage!

    Après tant d'inutiles pas,
Comment mes pieds lassés ne renoncent-ils pas
    A suivre en tout lieu votre trace?

D'où vient l'encre, d'où vient le papier où je trace
    Tout ce que pour vous mon cœur sent!
Si devant le lecteur je ne trouve pas grâce,
    L'amour n'en est pas innocent.

SONNET 55.

Il s'encourage à célébrer les yeux qu'il aime, mais il s'effraie d'une telle entreprise.

Deux yeux m'ont frappé d'un regard
Qui peut seul guérir ma blessure;
Et ce procédé me rassure
Bien plus que la magie et l'art.

Ils m'ont tracé la douce part
Qu'accepta ma foi vive et pure;
Et ma verve fidèle et sûre
Pour d'autres resta sans égard.

Ces yeux ont de leurs traits de flamme
Armé mon maître et mon vainqueur,
Et seuls ils ont soumis mon âme.

Ce sont ces yeux qui par mon cœur
Ont de mes jours usé la trame
En nourrissant ma tendre ardeur.

SONNET 56.

Il reprend ses chaînes.

Oui, c'est l'amour, l'amour lui-même
Qui me ramène à ma prison,
Et qui m'enlève à ma raison
Pour me soumettre à ce que j'aime.

Laissez, laissez le sort suprême
Me rendre à ma condition;
Je n'en puis faire l'abandon
Qu'avec une souffrance extrême.

D'un prisonnier j'ai le malheur,
Je porte le poids de ma chaîne,
Et mon front trahit tout mon cœur.

Pour savoir l'excès de ma peine,
Il suffit bien de ma pâleur,
Et l'on voit où l'amour me mène !

SONNET 57.

A Simon, peintre et sculpteur distingué, sur un portrait.

Pendant mille ans en vain l'habile Polyclète
    Et tous les favoris des arts
    Porteraient partout leurs regards,
    Et prolongeraient leur enquête;
    Ils ne pourraient sous le soleil
    Rencontrer un objet pareil
    A celui qui fit ma conquête.

Certainement, Simon, tu viens du Paradis,
Où naquirent cette ange et mon amour fidèle.
C'est là que tu la vis et que tu la peignis,
Pour prouver ici-bas à quel point elle est belle.

    Dans cette œuvre digne du ciel
On reconnaît l'éclat d'une divine flamme,

Que ne peut percevoir le sens matériel,
    Parce qu'il jette un voile sur notre âme.

Il produisit alors un chef-d'œuvre réel
    Digne d'un succès éternel.
Mais, quand il eut repris dans la terrestre voie
Le périssable lot que le ciel nous envoie,
    Son talent redevint mortel.

SONNET 58.

Pourquoi ce portrait n'a-t-il ni l'intelligence ni la voix.

Lorsque Simon reçut mon idée inspirée,
        Qui du burin
        Arma sa main,
    A cette figure adorée
S'il avait pu donner par son art créateur
    La voix interprète du cœur,
     Il eût soulagé ma poitrine,
De ces soupirs qui font que je n'admire pas
Ce que d'autres toujours ont trouvé plein d'appas.
Et je verrais alors sans une humeur chagrine
Cet air humble et soumis, chers et trompeurs attraits
    Qui semblent m'assurer la paix.

Pourtant, si je m'expose à causer avec elle,
Je la trouve accueillante et me crois entendu.

Mais, pour atténuer ma souffrance cruelle,
Un mot n'est jamais répondu.

Pygmalion, tu fus plus heureux et plus sage
Que moi, je dois en convenir :
Tu reçus mille fois de ta sensible image
Ce qu'une seule fois je voudrais obtenir.

SONNET 59.

Il ne peut plus éviter son sort.

Dans cette quatorzième année,
Qui des soupirs auxquels mon âme est condamnée
Me voit encor payant le fidèle tribut,
Si la fin répond au début,
Il n'est pas d'air, d'abri, de retraite et d'ombrage
Qui puissent rafraîchir mon cœur.
A chaque instant je vois s'accroître davantage
Mes stériles désirs et leur brûlante ardeur.

Sous le joug de l'amour jamais je ne respire,
Et ma triste pensée est toujours sans repos ;
Je suis anéanti sous ce fatal empire
Par mes yeux que sans cesse attire
L'innocent auteur de mes maux.

Ainsi de plus en plus s'aggrave ma misère,
Que je contemple avec effroi,

Et qui pour tous est un mystère,
Excepté pour elle et pour moi.

Mon âme, à mes désirs autrefois asservie,
Semble devoir bientôt délaisser son séjour ;
Je la retiens à peine, et je sens chaque jour
Venir la mort et fuir la vie.

SEXTINE 4ᵉ (*).

Il plaint celui qui, suivant son fatal exemple, se livre à l'amour, s'il n'invoque pas le ciel et n'est pas secouru par lui.

Celui qui veut passer sa *vie*
Sur l'onde et parmi les *écueils*,
Se confiant à sa *nacelle*,
Ne peut être éloigné du *terme*.
Que sa raison le guide au *port*,
Quand elle tient encor la *voile :*

Le doux air, qui gonfla ma *voile*,
Lorsqu'à l'Amour j'offris ma *vie*
En espérant un meilleur *port*,
Me conduisit vers mille *écueils*,
Et ce qui doit causer mon *terme*
Est avec moi dans ma *nacelle*.

Enfermé dans cette *nacelle*,
J'errai sans regarder la *voile*

(*) Je crois devoir rappeler que ce genre de pièce italienne n'a de mérite, et ne cherche sa grâce que dans le retour des mêmes mots continuellement changés de place. Pour les sextines qui suivent celles-ci et pour celles qui l'ont précédée, j'ai ajouté une nouvelle difficulté à ce tour de force. J'ai voulu donner, par la traduction littérale de celle-ci, une idée précise du genre.

Qui trop tôt m'entraînait au *terme*.
Alors l'arbitre de ma *vie*
Voulut m'arracher aux *écueils*
Et me montra de loin le *port*.

Le nocturne fanal du *port*
Est aperçu par la *nacelle*,
S'il n'est caché par les *écueils*.
De même, entraîné par la *voile*,
Je rêve à l'éternelle *vie*,
Et je soupire vers le *terme;*

Non que je sois certain du *terme :*
Voulant au jour toucher le *port*,
C'est long pour une courte *vie*.
Je crains ma fragile *nacelle;*
Plus que je ne voudrais ma *voile*
Me dirige vers ces *écueils*.

Si j'échappais à ces *écueils*,
Si mon exil trouvait un *terme*,
Heureux je replierais ma *voile*,
Et jeterais mon ancre au *port*.
Mais je chéris trop ma *nacelle*
Pour quitter une telle *vie*.

Maître du *terme* et de la *vie*,
Garantis ma *nacelle* au milieu des *écueils*,
Et guide en un bon *port* ma périlleuse *voile*.

SONNET 60.

Il demande à Jésus-Christ de le délivrer et de l'attirer à lui.

Accablé de mes torts et du coupable usage
Que j'ai fait de mes jours, marchant mal affermi,
    Je sens s'affaiblir mon courage,
Et je crains de tomber aux mains de l'ennemi.

Un secourable ami vint pour ma délivrance ;
Sa divine bonté soutenait mon espoir ;
    Il s'enfuit loin de ma présence,
Et mes yeux vainement cherchent à le revoir.

Mais j'entends retentir sa parole immortelle :
« Vous qui souffrez, voici votre chemin, venez ;
    » Craignez d'en être détournés ;
    » Suivez la voix qui vous appelle. »

Ah ! par quel heureux sort, par quelle ardeur d'amour,
    Pourrai-je, colombe légère,
M'exiler de ce monde et monter au séjour
    Où règne la paix que j'espère !

SONNET 61.

S'il ne rencontre la pitié, il veut renoncer à l'amour.

Mon unique bonheur fut de vous adorer ;
Jusqu'à mon dernier jour je penserai de même.
    Hélas! je ne hais que moi-même,
    Et suis fatigué de pleurer!

    Je désire, pour ma mémoire,
Que sur ma blanche tombe on lise votre nom,
Et qu'entre nous subsiste au moins cette union
    Qui saura protéger ma gloire.

Si mon cœur, que remplit une amoureuse foi,
    Obtient enfin votre clémence,
Si vous ne voulez plus exciter mon effroi,
    Laissez-moi cette récompense,
Sinon je saurai bien trahir votre espérance :
J'en rends grâce à l'amour, à vos dédains, à moi.

SONNET 62.

Il redoute et brave l'amour.

Vainement la blancheur, que jadis la nature,
  Sans égard pour mes jeunes ans
  Et pour les droits du doux printemps,
  Répandit sur ma chevelure,
  Fait des progrès de jour en jour,
  Ma sécurité n'est pas sage ;
  Et comme on redoute l'orage,
  Je devrais redouter l'amour.

  Non, bravons plutôt son atteinte,
  Ses ruses, son poison, son dard ;
  Qu'il m'attaque de toute part ;
  Mon cœur ignorera la crainte.

Les pleurs, auxquels j'avais accoutumé mes yeux,
  Ne trouveront plus de passage ;
  Enfin son regard dédaigneux
  A su me rendre le courage.

Il ne détruira plus la paix de mon sommeil ;
J'affronte ses rayons et leur cruel ravage ;
Il n'aura plus le droit d'attrister mon réveil ;
Mais effacera-t-il une fatale image !

SONNET 63.

Dialogue entre Pétrarque et ses yeux.

P.　　Pleurez, mes yeux, soyez d'accord avec mon cœur ;
　　　L'absence de vos pleurs fait défaillir ma vie.
Ses y.　Cette coutume fut par nous toujours suivie :
　　　Si nous devons blâmer, ce n'est pas notre erreur.

P.　　Vous ouvrîtes l'accès à l'amoureuse flamme
　　　　Qui sans retour fixa mon sort.
Ses y.　Ce fut pour donner à votre âme
　　　　L'espérance au lieu de la mort.

P.　　Par votre coupable imprudence,
　　　Et de vous et de moi vous fîtes le tourment.
Ses y.　Ce qui double notre souffrance
　　　C'est votre injuste jugement.

SONNET 64.

Il aimera.

J'aime de plus en plus et j'aimerai toujours
Les lieux où si souvent je chantai mes amours.
   Oui, j'aimerai toute ma vie
   Cette heure, ce moment heureux
Où, quittant de vils soins sans regret, sans envie,
Mon cœur à son idole offrit ses premiers vœux.
   Fixé par la tendresse extrême,
Je resterai fidèle à la beauté que j'aime.
   Ému de son charme enchanteur,
   Auprès d'elle on devient meilleur.
Je reconnais, Amour, ton empire suprême,
Mais ne m'attendais pas à me voir entouré
De si doux ennemis, de qui l'art conjuré
Exerce sur mon être une altière puissance.
   Ah! si l'attente du bonheur
   Ne me semblait plus qu'une erreur,
La mort terminerait ma stérile souffrance
Aux lieux où j'ai le plus désiré l'existence.
Mais ainsi que mes vœux dans le fond de mon cœur
   Je sens renaître l'espérance.

SONNET 65.

Désespérant de voir finir ses peines, il se plaint de n'être pas mort, quand il était heureux.

Ah! je fuirai toujours la fenêtre odieuse
D'où l'amour a lancé sur moi ses traits cruels.
    Que n'ont-ils été tous mortels!
Il est beau de mourir quand la vie est heureuse.

    Ma terrestre prison, hélas!
    De maux infinis est la cause.
Et ces maux comme moi survivront au trépas;
Dure nécessité que le sort nous impose!
Notre âme et notre cœur ne se séparent pas.

    Instruite par l'expérience,
O mon âme! tu sais que nul n'a la puissance
    D'arrêter le temps dans son cours.
    Je ne change pas de langage;
    Je te l'ai dit : « Quand on est sage,
    » On craint de perdre ses beaux jours. »

SONNET 66.

Puisque le premier coup fut mortel, pourquoi de nouvelles blessures?

Du moment où l'archer habile
Lance son dard aventureux,
Il sait prévoir le coup heureux
Et celui qui meurt inutile.

Connaissant tous les droits de vos yeux enchanteurs,
Vous avez su prévoir votre succès de même.
Vous suivîtes le coup au dedans de moi-même,
Et vous sûtes sonder la source de mes pleurs.

Alors vous avez dit peut-être :
« Amant infortuné, ton vœu fixa ton sort.
» Voici le trait vainqueur par qui l'Amour ton maître
» Veut que tu reçoives la mort. »

Voyant comme aujourd'hui me domine et m'entraîne
Le sentiment fatal auquel je suis soumis,
Et connaissant aussi mes cruels ennemis,
Je trouve le trépas moins affreux que ma peine.

SONNET 67.

Il se soustrait enfin aux chaînes de l'amour, et conseille le même parti à ceux qui sentent ses premières atteintes.

Je sens naître mon espérance
    Avec une telle lenteur,
Et vois sitôt venir la fin de l'existence
    Que je voudrais, pour mon bonheur,
Tout quitter à jamais et fuir avec ardeur.

    Non! pour fuir je suis inhabile!
J'ai pu guérir; je suis sauvé; mais le côté,
D'où j'ai le plus souffert, restera trop débile,
Et mes traits prouveront combien fut inutile
    Ma fatale fidélité.

Vous, imprudens, que charme et qu'éblouit l'Amour,
Vous qui pouvez encore revenir en arrière,
Ne persévérez pas dans cette ardeur première,
Et dès les premiers jours ne songez qu'au retour.

Ne vous rassurez pas en songeant à ma vie :
Sur mille à peine un seul survit à ce malheur.
Vous avez tous connu l'implacable rigueur
De la fière beauté que mon âme a servie;
Eh bien, je la blessai jusques au fond du cœur!

SONNET 68.

Il s'adresse à des femmes sensibles, et leur dit qu'il a fui l'amour, qu'il est retombé dans ses liens, et que de nouveau il cherche à s'en dégager, mais avec grand'peine.

En fuyant la prison où durant tant de jours
L'Amour me fit sentir sa puissance cruelle,
Je craindrais de vous dire en de trop longs discours
Combien je hais déjà ma liberté nouvelle.

Mon cœur, de mes tourmens infatigable auteur,
Ne pourrait un seul jour se suffire à lui-même;
Et puis il rencontra le fatal enchanteur
Habilement caché sous un air si trompeur
Qu'un plus sage que moi l'eût méconnu de même.

Liberté, dis-je alors, te voilà donc! ô vous,
  « Mon joug, mes chaînes, mes alarmes,
  » Et tous mes vieux sujets de larmes,
  » Vous étiez des trésors plus doux.
» Ah! que j'ai connu tard ce danger plein de charmes,
  » Et quelle tâche pour un cœur
» Quand il veut abjurer cette enivrante erreur! »

SONNET 69.

Ce ne fut pas d'une mortelle, ce fut d'une apparition céleste qu'il devint amoureux.

Au gré des airs flottait l'or de sa chevelure
    Sans soin, sans ornement, sans art,
    Et comme le veut la nature.
Un éclat enchanteur animait son regard
Dont la froideur bientôt a causé ma torture.

Je vis avec espoir son trouble et sa rougeur :
Pourrait-on s'étonner de ma subite flamme !
Je fus peut-être alors le jouet d'une erreur ;
Mais le besoin d'aimer disposait de mon âme.

Sa marche, son aspect et le son de sa voix
    N'annonçaient pas une mortelle ;
Et je rendis hommage à de célestes droits.
    Oui, tout semblait divin en elle ;
C'est un céleste esprit que je croyais chérir.
Aussi j'ai vainement vu fuir l'arme cruelle,
    Ma blessure n'a pu guérir.

SONNET 70.

Il conseille à un ami affligé de tourner sa pensée vers Dieu.

Celle qui mérita ton amour éternel
Habite maintenant le séjour immortel,
Car des seules vertus il est la récompense.
Prends pour ta liberté les deux clefs de ton cœur
      Qu'elle gardait dans sa puissance.
Des choses d'ici-bas crains le fardeau trompeur,
Et marche sur ses pas pour trouver le bonheur.

Tu n'as pas conservé la moitié de toi-même;
Ce qui reste peut être aisément déposé.
De l'être solitaire à ce moment suprême
    Le sacrifice est plus aisé.

    La vie est un fardeau sévère;
    Tu comprends maintenant le sort,
    Tu vois qu'en entrant dans la mort
    Il faut que l'âme soit légère.

SONNET 71.

Sur la mort de son ami Cinon Sinibaldi.

Ah ! que de la douleur rien ne trouble le cours,
Et que le monde entier partage nos alarmes.
    Que la beauté, que les amours
    Aujourd'hui répandent des larmes :
Leur ami le plus cher est perdu pour toujours.
    Ah ! les pleurs, que mon cœur trop tendre
    Jusqu'à la tombe doit répandre,
    Seront à ma longue douleur
    Pour quelques momens infidèles.
Mes accens inspirés par des peines nouvelles
    Vont soulager mon pauvre cœur.
    Pleurez, filles de Mnémosyne !
    Vous ne verrez plus parmi vous
    Celui qui par des chants si doux
    Obtint votre faveur divine.
    Pleurez... Sinibaldi n'est plus !..
    Et vous son berceau, sa patrie,
Objets de ses amours, glorieuse Étrurie,

SONNET 72.

Menaces de l'amour.

L'amour m'a dit plus d'une fois :
« Il faut en lettres d'or tracer ce que tu vois.
» Tu sais de mes sujets quelle est la dépendance,
    » Tu sais que de leur existence
    » Toujours je m'embarrasse peu,
    » Et que je sais me faire un jeu
    » Du bonheur et de l'espérance.
    » Tu l'appris par expérience ;
» Et puis tu désiras te dérober à moi ;
» Mais qui peut se soustraire à ma toute-puissance !
» Pendant que tu fuyais, je fuyais avec toi.

» Ah ! si les yeux charmans, qui t'ont fait me connaître,
    » Et que j'habitai, quand ton cœur
    » Connut une injuste rigueur,
» Me rendent l'arc heureux qui de tout est le maître,
» Dans tes yeux altérés on verra tes douleurs :
» Tu ne l'ignores pas, je me nourris de pleurs. »

SONNET 73.

Surprise et métamorphose des amans en présence de l'objet qu'ils aiment.

Quand une image chère autant que redoutée
Pénètre par les yeux jusques au fond du cœur,
    Toute autre image est écartée,
Et notre âme s'élance au devant du bonheur,
Abandonnant le corps tombé dans la langueur.

De ce premier prodige un second prend naissance.
Loin de nous fugitive, en un exil heureux
Cette part de nous-même au comble de ses vœux
    Obtient une douce vengeance.
    Et sur deux visages alors
    Se répand la pâleur des morts.
Mais ils n'ont pas changé seulement d'apparence ;

Ils n'ont plus la même existence :
Leur âme seule vit au dépens de leur corps.

Aujourd'hui j'en eus souvenance,
En voyant deux amans, qu'amour tient sous sa loi,
Se transformer en ma présence
Et devenir tout comme moi.

SONNET 74.

Il s'afflige d'être le seul au monde à qui la fidélité soit funeste.

Si mes vers montraient ma pensée
Telle qu'elle naît dans mon cœur !
Quelle barbarie insensée
Résisterait à mon malheur !

Bourreaux de ma triste existence,
Charmans regards, heureux tyrans,
En vain, au dehors, au dedans,
Vous m'avez trouvé sans défense ;
Pour vaincre vos traits menaçans
Ma plainte n'eut pas de puissance.

Comme le rayon lumineux
Traverse le faible vitrage,
Vous me pénétrez de vos feux ;

Ainsi vous connaissez mes vœux,
Sans avoir besoin de langage.

Pierre et Marie ont vu récompenser leur foi
Comme la mienne vive et tendre.
En vain long-temps la mienne a réclamé pour moi,
Et cependant, hélas ! vous seuls pouviez m'entendre !

SONNET 75.

Quoique fatigué de ses tourmens d'amour, il ne veut pas y renoncer.

Fatigué d'une attente vaine,
D'une guerre éternelle et de mes longs soupirs,
Je hais mon espoir, mes désirs,
Et le nœud cruel qui m'entraîne.

Mais l'image, gravée en mon fidèle sein,
Et que de tout côté je retrouve et j'admire,
M'oblige à retourner vers mon premier martyre;
Contre la destinée on se débat en vain.

Quand de ma liberté la route fut perdue,
Je pris des chemins dangereux.
Hélas ! ce qui plaît à la vue
N'est pas toujours ce qui convient le mieux.

Quand une fois l'âme s'égare,
Elle court au péril sans bornes et sans frein,

Et le vouloir d'autrui décide son destin.
C'est par le premier pas que le mal se déclare ;
Le funeste avenir par lui seul se prépare ;
Lui seul est criminel, commençant le déclin.

SONNET 76.

Il vante et déplore la perte de la liberté.

Belle et trop chère liberté,
Qu'un instant je vis apparaître,
Ah ! que je dus bien te connaître
Aussitôt que tu m'eus quitté.

Je connais le mal que j'endure
Et le dard qui me fait souffrir ;
Je sonde aujourd'hui la blessure
Dont je ne dois jamais guérir.

Ses yeux semblent fiers de ma peine ;
Ma raison ne peut rien contre eux ;
Ils bravent la faiblesse humaine,
Je ne fus pas moins orgueilleux.

Parlez de la beauté qui ranime ma vie,
Et qui doit causer mon trépas.

Son seul nom remplit l'air d'une douce harmonie;
D'une autre ne me parlez pas.

Toujours aimant, toujours fidèle,
Mon cœur jusqu'à son dernier jour
Ne connaîtra pas d'autre amour,
Et ma voix ne chantera qu'elle.

SONNET 77.

Il cherche à consoler Orso de n'avoir pu se trouver à un tournois.

Orso, le frein arrête et ramène en arrière
Le coursier dont l'ardeur aspire à la carrière.
Mais il n'est pas de frein pour apaiser un cœur
Qui redoute la honte et ne vit que d'honneur.

Calmez-vous : l'univers connaît votre vaillance ;
On n'a pu vous ravir que votre liberté.
Si l'on en croit un bruit partout accrédité,
Votre coursier combat, et nul ne le devance.

Il suffit, croyez-moi, que dans ce noble jour
    Il se présente avec audace
    Sous les bannières de l'Amour,
Rappelant vos hauts-faits et ceux de votre race.

Vous brillâtes tous deux d'une semblable ardeur ;
En voyant le coursier on se souvient du maître :
    Chacun, en le voyant paraître,
    Devinera votre douleur.

SONNET 78.

A un ami, que l'on croit être Boccace, pour l'engager à renoncer aux choses d'ici-bas et à ne s'occuper que du ciel.

Puisque nous avons tous les deux
Connu l'erreur de l'espérance,
Élevons ensemble nos vœux
Vers un bonheur sans inconstance.

La vie est comme un champ dans lequel sous les fleurs
La vipère, qui veut nous nuire,
Se cache en choisissant les plus vives couleurs
Qui doivent le mieux nous séduire.

Afin qu'un souvenir heureux
Donne à vos derniers jours un calme salutaire,
N'imitez jamais le vulgaire,
Et songez que dans notre sphère
Les sages sont les moins nombreux.

Mais je me tais : hélas ! je sens qu'on doit me dire :
« Tu t'égaras toujours, voyageur incertain ;
» Dans ce moment encor quel n'est pas ton délire !
» Et tu veux montrer le chemin ! »

SONNET 79.

Combien de sujets renouvellent sa blessure et font couler ses larmes.

Fenêtre, où je puis admirer
Un soleil vers la troisième heure
Et mon autre soleil quand il veut se montrer,
Et vous aussi, fenêtre, où j'entends murmurer
L'impétueux Borée assiégeant ma demeure;
Rocher, où je la vois brûlant d'un feu sacré
Pensive et recueillant les richesses du sage,
Bois, qui lui prêtez votre ombrage,
Ou que ses pas ont honoré,

Saison, qui chaque année affligeant ma tendresse
Ranime dans ce jour la peine qui m'oppresse,
Redoutable et charmant séjour,
Où je fus atteint par l'Amour,
Et vous, irrésistibles larmes,
Traits chéris, langage enchanteur,
Qui pénétrâtes dans mon cœur,
Vous avez épuisé la source de mes larmes.

SONNET 80.

Il espère pouvoir enfin secouer le joug de l'amour.

Nous sommes, je le sais, de douloureuses proies
Dont dispose la mort arbitre des destins,
Le monde à son gré donne et retire ses joies;
Et toujours on le vit infidèle aux humains.

De mes tristes langueurs l'attente est-elle vaine?
Lorsque déjà mon cœur pressent son dernier jour,
Mon tyran ne veut pas m'affranchir de ma chaîne,
Et mes yeux ont encore un tribut pour l'amour.

Mais, ô temps, ne crois plus que ton erreur m'abuse :
Pour moi tu ne fus pas inutile; tes ans,
  Tes jours, tes heures, tes instans
Ont su me garantir d'une magique ruse.

  Et la sagesse et le désir
Se sont long-temps en moi disputé la victoire.
Mais l'âme sait prévoir le bien dans l'avenir;
J'y vois pour la sagesse une durable gloire.

SONNET 81.

Il ne faut pas juger des sentimens sur l'apparence.

Lorsqu'aux pieds de César vainqueur
La noire trahison eut fait tomber la tête
De ce héros triomphateur
Qui du monde incertain retardait la conquête,
Par des larmes César déguisa son bonheur.

Quand Annibal vit crouler son empire,
Quand il vit le néant de ses vastes desseins
Et le sanglant tombeau de ses concitoyens,
Pour cacher son dépit il parvint à sourire.

Puisque sous un dehors trompeur
On se plaît à voiler son cœur,
Tolérez mes chants et ma lyre.

SONNET 82.

A un membre de la maison de Colonne, pour l'exhorter à poursuivre
ses succès contre la maison des Ursins.

Annibal fut vainqueur et perdit sa victoire.
  Ah! craignez d'imiter ses torts
  Et de connaître ses remords :
Que vos soins prévoyans assurent votre gloire

 L'ours furieux, pour venger les malheurs
 De ses petits privés de leur pâture,
  Prépare en sa retraite obscure
  Ses griffes, ses dents, ses fureurs
  Et tous les moyens protecteurs
  Qu'il a reçus de la nature.

  Hâtez-vous, et craignez, seigneur,
  De quitter votre noble épée,
  Tant que son âme est occupée
  Du souvenir de sa douleur,

Jeune favori de la gloire,
Suivez le droit sentier qui mène au souvenir.
Allez, on vous réserve au temple de mémoire
Un honorable nom et mille ans d'avenir.

SONNET 83.

Ce sonnet paraît avoir été adressé à Pandolphe Malatesta pour louer sa valeur.

Comme une fleur féconde objet de mille vœux
La brillante valeur de votre adolescence,
  En rapportant son fruit heureux,
  Justifia notre espérance.

Je veux vous dédier des vers dignes de vous
  Et du sentiment qui m'inspire,
Oui, je veux que le marbre et l'airain soient jaloux
  De mes écrits et de ma lyre.

  Pandolphe, est-ce au bronze, aux autels
Que Scipion, César, Marcellus, Paul-Émile
  Ont dû leurs succès éternels?
Le statuaire élève un monument fragile,
Le seul poète rend les héros immortels.

CANZONE 11e.

Dépit d'amour.

Je ne veux plus chanter, je quitte ce langage
Qui, loin de réussir, inspira le mépris.
Le séjour le plus beau peut perdre de son prix ;
Mes éternels soupirs n'ont rien qui me soulage.
Ma tête des vieux ans atteste la rigueur,
Et récente est pourtant la fin de mon erreur !
La douce modestie a le droit de séduire ;
J'honore les vertus, la noble dignité,
Mais non le fier orgueil et tant de cruauté :
L'Amour est désarmé pour guider son empire.
Dans de vastes déserts le voyageur errant
   Renonce à la route trompeuse,
   Et, sans demeure somptueuse,
   Sur l'herbe on dort paisiblement.
   Les simples dons de la nature
   Forment un précieux trésor :

Pourvu qu'on trouve une onde pure,
Qu'importe si le vase est d'or!

Je m'en étais remis à Saint-Pierre mon maître;
Tel était mon plaisir, mais j'ai changé d'avis.
M'entende qui pourra, je sais ce que je dis.
J'ai brisé mon lien, je suis libre, et veux l'être.
L'imprudent Phaéton dans l'onde vint mourir;
En vain sur mon serment je voudrais revenir.
C'en est fait, venez voir combien je suis sincère.
Le navigateur craint sous les flots un écueil;
La glu sous le feuillage est l'effroi du bouvreuil.
Non, je ne puis aimer une beauté sévère
De qui le fier orgueil proclame les vertus.

    Nous voyons des cœurs pleins de zèle
    Répondre sans qu'on les appelle,
    Et former des vœux superflus.
    Il en est pour qui la constance
    N'est pas un sujet de retour;
    D'autres meurent d'indifférence,
    Ou veulent mourir nuit et jour.

Aime celui qui t'aime est un ancien adage,
Je sais ce que je dis; mais laissons faire au temps :
Il faut qu'un autre cœur s'instruise à ses dépens.
Femme, sacrifier un ami n'est pas sage.
La figue à ses dehors trompe communément.
N'entreprenons pas trop dans le commencement:

En tout pays telle est la sagesse constante.
Plusieurs se sont perdus dans un trop vaste espoir;
J'ai chèrement acquis le droit de le savoir.
Eh bien! le peu qui reste à mon ardeur mourante,
Si je veux le donner, quelqu'un l'acceptera.

  Je prends pour guide tutélaire
  Celui qui gouverne la terre
  Et qui jamais ne m'oubliera.
  Il donne une douce retraite
  Aux brebis dont il voit l'ardeur;
  Je veux, guidé par sa houlette,
  Rester fidèle à ce pasteur.

Souvent l'on cherche à lire, et l'on ne peut comprendre.
On a vu l'oiseleur tendre en vain ses filets.
Qui cherche à trop avoir expose ses succès.
Les lois également pour tous doivent s'entendre.
L'on descend quelquefois pour avoir trop monté;
Et l'on n'estime plus ce qu'on a souhaité.
La beauté qui se cache est celle qu'on préfère.
J'aime et bénis la clef qui sait ouvrir le cœur,
Donne l'essor à l'âme, émancipe l'ardeur
Que garde en ses liens la colombe légère,
Et tarit dans mon sein mes éternels soupirs.

  Un autre cœur de ma souffrance
  Fait maintenant l'expérience,
  Et calme ainsi mes déplaisirs.
  Tout ce qu'elle éprouve elle-même,
  C'est à l'amour que je le dois;

Et mon cœur, sans souffrir de même,
Est sensible comme autrefois.

Ah! ne me quittez plus, mystérieux langage,
Qui s'entend sans oreille et s'explique sans voix,
Ni vous, accens aimés qui m'imposez ses lois,
Ni toi, sombre prison, qui reçois mon hommage,
Violettes des prés ornant ses vêtemens,
Dans le fond de son cœur, ombrageux sentimens,
Et sa douce terreur, et son trouble et sa grâce,
Et ce calme ruisseau, de deux sources formé,
Se dirigeant au gré de mon amour charmé.
Amour et jalousie ont causé ma disgrâce;
De deux astres amis ils ont privé mon cœur;
 Ils faisaient ma force et ma joie!
 A présent de ma triste voie
 Comment connaîtrai-je l'erreur?
 J'ai perdu l'espoir, ce doux rêve!
 Vous qui donniez à mes douleurs
 La guerre, la paix ou la trêve,
 Rendez-moi mes heureux malheurs.

Pour le passé joignons aux larmes un sourire,
Et prenons confiance aux discours que j'entends;
D'avance jouissons du bonheur que j'attends:
Le temps n'a-t-il donc pas des biens auxquels j'aspire!
Fixons mon heureux nid près d'un arbre sacré,
Et rendons grâce enfin à l'obstacle adoré

Qui par sa barbarie a vaincu ma tendresse :
J'aurais été sans elle un objet de mépris;
De ma souffrance ainsi je comprends tout le prix,
Et m'approuve d'avoir manqué de hardiesse.
On ne me verra point renoncer à bénir
   Ma jouissance et ma torture,
   Et la main qui fit ma blessure :
   Je chanterai leur souvenir,
   Je dirai quelle est la puissance,
   Par qui je meurs, pour qui je vis,
   Et sur laquelle mon cœur pense
   Plus encore que je n'écrivis.

BALLADE 8e.

La beauté, qui l'enchaîna d'une manière si durable et si chère, était céleste et non pas mortelle.

Un jeune ange, porté sur sa gracieuse aile,
Vint descendre des cieux sur cet humide bord,
Tandis que j'y passais suivant l'ordre du sort.
Me voyant sans escorte et sans guide fidèle,
Sous le gazon qui prête au sentier sa couleur,
Il tendit son filet d'or, de pourpre et de soie.
Je le vis sans terreur, j'y fus pris avec joie,
Tant ses yeux rayonnaient d'attrait et de splendeur.

SONNET 84.

Il voudrait fuir la guerre que lui font deux beaux yeux; mais, ayant toujours présente leur image, il sent à chaque instant s'accroître dans son cœur le feu qu'il désire éteindre.

Comment éviter l'influence
Des yeux auteurs de tous mes maux !
Mon cœur succombe à leur puissance,
Il ne connaît plus de repos.

Vainement je veux fuir le feu qui me dévore,
Ce feu que jour et nuit vient ranimer l'amour.
Après quinze ans il brille encore
Comme il brillait au premier jour.

Partout je le revois ou je vois son image.
Ainsi je suis de tout côté
Victime de l'erreur ou de la vérité.
Je crois être en un bois sauvage
Sorti d'un laurier révéré.
Là, parmi les rameaux et sous l'épais ombrage,
Mon ennemi m'entraîne et m'égare à son gré.

SONNET 85.

Il conjure Sennucio de réclamer pour lui un nouveau bienfait de l'amour.

      Aventureux et doux séjour,
      Terre heureuse, contrée aimable,
      Où je fus reçu par l'amour
      Avec ce regard favorable
      Qui double la splendeur du jour,

Par ses constans efforts dans sa triste carrière
      Le temps peut user ou ternir
Les traits qu'on a tracés sur la plus dure pierre;
Mais dans mon tendre cœur le plus doux souvenir
      Triomphera de l'avenir.

J'irai souvent encor rechercher sur ta rive
D'un pied jeune et léger la trace fugitive.
      On m'y verra long-temps venir.

Si ton cœur est sensible, ami, noble Delbène,
Va près du seul objet qui causa mes douleurs,
Parle de mes sermens, de mes vœux, de ma peine,
Et tâche d'obtenir un soupir et des pleurs.

SONNET 86.

Admirables effets qu'il éprouve en revoyant le lieu où elle lui témoigna de la compassion.

Sans cesse assailli par l'amour,
Je n'ai pas de repos ni la nuit ni le jour;
Je regarde où j'ai vu briller les étincelles
Que les feux de mon cœur doivent rendre immortelles.

Je m'adoucis alors, heureux d'un vain plaisir.
Vêpres, None, Angélus, Laudes, je vous atteste;
Ne retrouviez-vous pas dans ce même loisir
Mon cœur, mon pauvre cœur fermé pour tout le reste?

Aux moindres accens de sa voix
Un souffle doux et pur s'échappe de sa bouche,
Se disperse dans l'air, et semble chaque fois
Purifier tout ce qu'il touche.

C'est un souffle émané des cieux;
Il reconforte tout mon être.
Mon cœur alors se sent renaître;
Il ne peut vivre en d'autres lieux.

SONNET 87.

Il retourne en ce lieu fortuné, et obtient d'elle le bienfait d'un salut.

L'amour au même lieu m'accablant de ses traits,
Je voulus prévenir de nouvelles alarmes,
Comme ces vieux guerriers que l'on voit toujours prêts :
    La raison me donnait des armes.

Tout à coup je regarde et vois à mon côté
Le soleil dessiner une ombre sur la terre ;
Je reconnus sans peine une femme trop chère,
Digne, si l'on m'en croit, de l'immortalité.

« Pourquoi donc, ô mon cœur, cette frayeur extrême ? »
    J'avais à peine dit ces mots,
Et déjà je sentais pénétrer en moi-même
Cette funeste flamme auteur de tous mes maux.

De même que l'on voit s'échapper de la nue
La foudre avec l'éclair, ces enfans du hasard,
J'entendis un salut, je vis un doux regard ;
Et l'on semblait ainsi fêter ma bien-venue.

SONNET 88.

Cette rencontre et ce doux salut donnent du calme à son cœur.

Celle qui règne seule en mon cœur trop fidèle
    Vint me surprendre l'autre jour,
Lorsque j'étais en proie aux doux pensers d'amour;
Mon front pâle et soumis s'inclina devant elle.

Dès qu'elle eut aperçu ma funèbre langueur,
Il se fit dans ses traits un changement extrême,
Et cet aspect nouveau de Jupiter lui-même
Eût désarmé la main et fléchi la fureur.

    Alors elle daigna me dire,
En passant près de moi, quelques mots gracieux,
Mais ne s'arrêta pas, voyant à mon délire
Que sa douce parole et l'éclat de ses yeux
    Exerçaient sur moi trop d'empire.

Je trouve tant de prix à ce doux souvenir
Qu'il charmera ma vie en un long avenir.

SONNET 89.

A Sennucio, pour l'informer de son état et des images tristes et douces
que l'amour présente à son imagination inquiète.

O Delbène, connais ma vie,
Et contemple mon sort cruel :
Je brûle, je languis, toute paix m'est ravie ;
Laure triomphe encor, mon mal est éternel.

Je la vois humble, puis altière,
Sévère, tendre ou sans douceur ;
J'admire ses attraits, sa grâce, sa candeur,
Puis elle redevient et dédaigneuse et fière.

Là, dans des chants pleins de langueur,
Brilla sa voix harmonieuse.
Là je la vis s'asseoir rêveuse,
Ici se retourner, marcher avec lenteur,
Et de ses yeux percer mon cœur.

Là sur ses lèvres je vis naître

Un doux sourire, un doux propos,
Ou sur son teint la rose un moment disparaître.
Dans le vague, le jour et la nuit, sans repos,
Je reste ainsi soumis à l'amour notre maître.

SONNET 90.

Il mande à Sennucio qu'après l'avoir quitté, il fut surpris et accompagné par un orage jusqu'à Vaucluse.

Delbéne, mon ami, mon affligeant départ
De moi-même en ces lieux n'apporta qu'une part.
J'ai dû fuir, me voyant en butte à la tempête
Qui dans les cieux troublés a menacé ma tête.

Je suis tranquille ici, je regarde sans peur
La foudre qui jadis alarmait ma faiblesse,
    Même je crois que ma tendresse
    A perdu de sa vive ardeur.

Aussitôt que je fus au séjour que j'adore,
    Au pur et doux palais d'amour,
    Berceau de la divine Laure
Qui dissipe l'orage et rend l'éclat au jour,
    L'amour, qui règne dans mon âme
    Comme un despote impérieux,
En bannit la terreur et ranima sa flamme.
Ah! que serait-ce donc si je voyais ses yeux!

SONNET 91.

Il fuit la cour, et se retire à Vaucluse, où il serait heureux, s'il pouvait l'attendrir et revoir son ami le cardinal Colonne.

Des passions je fuis le trône,
Je fuis la mère de l'erreur,
Je fuis l'altière Babylone,
Pour ne pas mourir de douleur.
Dans le sein heureux du mystère,
Près de ma lyre et de mes fleurs,
En espérant des jours meilleurs,
Je vis paisible et solitaire.
Dans le calme de mes loisirs,
Je vois avec indifférence
La fortune, les vains plaisirs,
Le monde et ma propre existence.
Les seuls objets de mes désirs,
Les seuls objets de ma constance,
Ce sont deux cœurs de qui l'absence
Ont causé mes longs déplaisirs.

SONNET 92.

Par hasard il obtient d'elle un regard.

Oui, je vis en effet cette beauté suprême
A côté du tyran des hommes et des dieux,
Entre les deux amans esclaves de ses yeux :
L'un était le soleil, et l'autre était moi-même.

Se sentant éblouir de cet éclat extrême,
Elle me regarda d'un air doux et joyeux ;
Et je croirais goûter les délices des cieux
Si ce regard pour moi restait toujours le même.

D'une lutte pareille appréciant l'honneur,
Je crus sentir alors dans le fond de mon cœur
La peine faire place au plaisir de la gloire.

Mon rival, paraissant attristé, malheureux,
D'un nuage voila son disque langoureux ;
Et son orgueil vaincu regretta la victoire.

SONNET 93.

Après avoir quitté le lieu où il la vit, il revient à Vaucluse, et sent son cœur ému comme la première fois.

Rempli de la douceur ineffable et cruelle,
Dont le fatal attrait a transpercé mes yeux
Le jour ou j'aurais dû perdre l'éclat des cieux
    Pour ne rien voir de moins beau qu'elle,

Je laissai cet objet de tendresse fidèle.
Mais je ne connais pas d'autre objet précieux;
Loin d'elle je ressens son attrait merveilleux,
    Et dédaigne toute autre belle.

Dans un vallon fermé, paisible et frais séjour,
Je me réfugiai d'accord avec l'Amour,
Cherchant pour mes soupirs un abri solitaire.

J'y trouvai seulement des rochers, des ruisseaux,
Le souvenir du jour qui commença mes maux,
Et d'une illusion la trop douce chimère.

SONNET 94.

Il craint que le rocher qui ferme Vaucluse n'arrête ses soupirs.

Rocher, qui sers de porte à ce calme vallon
Retraite de l'amant, du poète et du sage,
Rocher, qui lui donnas son mémorable nom,
Tourne à Babel l'épaule, à Rome le visage.

De mes tendres soupirs le poétique son
Pourra trouver alors un plus libre passage.
Ils s'égarent peut-être en un triste abandon ;
Puisse vers un seul but parvenir leur hommage !

Ils sont avec clémence accueillis sur ce point !
Car je les suis du cœur... ils ne reviennent point !
Je n'en suis pas surpris, et comprends leur constance.

Mais il est pour mes yeux d'éternelles douleurs,
Et mes pieds fatigués sont baignés de mes pleurs
Loin du lieu regrettable où vit mon espérance.

SONNET 95.

Après seize années, son angoisse, sa peine et son ardeur sont aussi vives que le premier jour.

Seize ans a duré ma souffrance ;
Et, quand je touche à mon déclin,
Il me semble que mon chagrin
Naquit hier, et qu'il commence.

L'amertume m'est douce, et ma peine est mon gain ;
Ma vie est un fardeau porté sans espérance.
Puisse, en dépit du sort, puisse mon existence
Ne pas survivre aux yeux qui fixent mon destin !

Quand je veux être ailleurs, ici je suis encore !
Je veux sans énergie, et je voudrais vouloir ;
Je fais ce que je puis et ne sais pas pouvoir.

De vieux désirs les pleurs nouveaux que je dévore
Prouvent que je n'ai point passé sous d'autres lois,
Et que je suis ému toujours comme autrefois.

CANZONE 12ᵉ.

La gloire et la vertu.

Une femme plus belle encor que le soleil,
Non moins brillante aussi, m'entraîna sur sa trace.
J'aimai sa majesté, son éclat sans pareil,
  Et sa rudesse et son audace.
Tout l'univers vantait son altière beauté;
Elle est ce que l'on voit de plus rare en ce monde.
Ses œuvres, ses discours pour l'immortalité
  Ont une influence féconde.
Sur la scène agitée, où brilla mon malheur,
J'acceptai son esprit pour égide et pour maître;
Je compris les vertus et je devins meilleur
  Sitôt que je pus la connaître.
Pour elle je bravai l'injustice du sort;
Lui plaire fut l'objet de toute mon envie;
Et par elle je dois, si j'entre dans le port,
  Survivre long-temps à ma vie.

Désirant diriger ma juvénile ardeur,
Et craignant d'effrayer sous un aspect trop sombre,

Long-temps elle laissa ma fidèle ferveur
 Ne connaître d'elle qu'une ombre.
Je ne distinguais pas ses véritables traits ;
Cependant mon bonheur venait de ma constance ;
Et depuis, et toujours, même long-temps après,
 J'en aime encor la souvenance.
Enfin, mieux averti, j'ai compris mon erreur ;
De la gloire j'ai vu la qualité réelle ;
Plus on a pu de près mesurer sa valeur,
 Et plus on est enchanté d'elle.
Cependant son aspect m'intimide, et mon cœur
Ne peut se rassurer jusqu'à ce qu'elle-même,
Laissant tomber son voile, admette mon bonheur
 Au sein de sa clarté suprême.

Je la crains, mais je l'aime, et subirai sa loi,
A laquelle jamais je ne serai contraire.
Des prodiges peut-être un jour naîtront en moi
 De la crainte de lui déplaire.
Pour moi la gloire alors écarta de ses yeux
Son voile, et dit : « Ami, tu vois si je suis belle ;
 » Demande-moi ce que tu veux. »
« Le choix est difficile, et l'erreur est cruelle,
» Lui dis-je ; dès long-temps vous avez mon amour.
» Accordez vos conseils à mon esprit peu sage ;
» Croyez que mon bonheur jusqu'à mon dernier jour
 » Dépendra de mon esclavage. »
La splendeur, dont alors sa beauté resplendit,
A mon cœur inspira la crainte et l'espérance ;

Et d'une voix touchante elle me répondit
  Ces mots dignes de souvenance :

« Il est peu de mortels, dignes de ma faveur,
» Qui, par la Renommée entendant parler d'elle,
» N'en aient pas tôt ou tard dans le fond de leur cœur
  » Senti du moins quelque étincelle.
» Mon adversaire alors, redoublant son ardeur,
» Attaque les vertus par des efforts terribles;
» Et, pour me remplacer, vient un autre seigneur
  » Qui promet des jours plus paisibles.
» L'Amour, qui le premier fit éclore ton cœur,
» De tes purs sentimens m'a raconté l'histoire.
» Il m'a lui-même appris l'honorable ferveur
  » Qui te rend digne de mémoire.
» Je te place parmi mes amis peu nombreux :
» Je vais pour le prouver te montrer une femme
» Qui plus encor que moi saura charmer tes yeux
  » Et qui dirigera ton âme. »

« Non, non, c'est impossible, » allais-je m'écrier,
Quand elle répartit : « Vois s'offrir à ta vue,
» Dans l'ombre où sa pudeur veut se réfugier,
  » Cette beauté trop peu connue. »
Sur mon front incliné s'étendit la rougeur,
Et mon âme d'un feu nouveau fut traversée.
Elle me dit alors ces mots d'un ton railleur :
  « J'ai vu ta secrète pensée.

» Ainsi que du soleil l'éblouissant rayon
» Fait pâlir devant lui la plus brillante étoile,
» Cet astre radieux né sur ton horizon
  » A couvert mes clartés d'un voile.
» Mais je ne puis jamais dédaigner ton amour :
» Aime-nous toutes deux, elle est ma sœur aînée ;
» Du même enfantement nous reçûmes le jour ;
  » Presqu'au même instant je suis née. »

De crainte à son aspect je me sentais glacé ;
Ma langue était captive et ma raison confuse.
Pourtant je me remis enfin et commençai :
  « Si quelque songe ne m'abuse,
» Béni soit votre père, et béni soit le jour
» Où, pour orner le monde, on vous y vit paraître ;
» Et béni soit le temps où, guidé par l'Amour,
  » Mon cœur cherchait à vous connaître.
» Ah ! si du droit chemin l'on m'a vu m'écarter,
» Je m'en afflige plus que je ne puis le dire ;
» Mais parlez ; mon bonheur est de vous écouter,
  » Et c'est le seul auquel j'aspire. »
Elle me répondit d'un air triste et penseur
En dirigeant sur moi son regard doux et sage ;
Et je sentais entrer jusqu'au fond de mon cœur
  Son regard avec son langage.

« Ainsi que l'a voulu notre Père éternel,
» Chacune de nous deux a dû naître immortelle.

» Mais quel en est pour vous l'avantage réel?
   » J'aimerais mieux être mortelle.
» De plaire quelque temps nous eûmes le bonheur;
» L'amour et la beauté charmaient notre existence,
» Et puis notre malheur fut si grand que ma sœur
   » Regretta son ancienne absence.
» Et moi de mes beaux jours je suis une ombre, hélas!
» Mais du peu que j'ai dit pour toi-même profite.
» Sois tranquille, je cours m'attacher à tes pas;
   » Ne crains jamais que je te quitte. »
Alors d'un vert laurier elle cueille un rameau,
Noble prix du mérite et de l'heureuse audace,
De sa divine main elle en forme un bandeau,
   Et sur mon front elle le place.

ENVOI.

Si l'on vous reprochait l'obscurité, mes vers,
Dites : « Prochainement un fidèle interprète
» S'expliquera peut-être en des termes plus clairs
   » Et d'une voix moins imparfaite.
» Alors éclatera l'auguste vérité;
» Nous vînmes seulement lui préparer la voie;
» Et l'on peut comme nous avec sécurité
   » Croire celui qui nous envoie. »

SONNET 96.

Il détrompe un de ses amis qui le croyait mort.

Les secourables vers, que vous m'avez écrits
Pour me prouver l'excès de votre bienveillance,
Sont justement doués d'une telle puissance
Qu'à l'instant j'ai senti s'animer mes esprits.

J'ai pris la plume, et viens vous donner l'assurance
Que celle qui fait fuir et les jeux et les ris,
Et dont il faut subir les arrêts, m'a surpris,
Tandis que je marchais vers elle avec constance.

Je revins en arrière, et je repris mes sens,
En lisant sur le seuil de sa sombre demeure
Que je ne touche pas au terme de mes ans!

Puisqu'elle ne veut pas encore que je meure,
Daignez donc honorer de vos soins consolans
Un plus digne que moi de vos funèbres chants.

BALLADE 9e.

Prière à l'Amour.

Vous le voyez, Amour, cette beauté cruelle
Qui me fit son esclave et mérita ma foi,
    Dédaigne votre empire et moi
Vous avez conservé votre carquois fidèle;
Votre arc est sûr, elle est sans armes, sans effroi,
Jouant parmi les fleurs ou folâtrant sur l'herbe,
De mes soins dédaigneuse, et contre vous superbe :
    Vous devez lui donner la loi.
Trop de sécurité perdra cette rebelle.
Je ne puis vous aider dans ma captivité;
Mais vos traits n'ont-ils pas quelque bénignité?
    Vous seul pouvez nous venger d'elle.

SONNET 97.

Il voudrait devenir plus sage.

Dix-sept ans ont marqué leurs cercles dans le ciel
Depuis qu'un feu secret s'empara de mon âme;
Et, quand je réfléchis à mon état cruel,
Je sens un froid de glace au milieu de ma flamme.

On change de couleur avec facilité,
    Nous dit le plus vieux des adages,
    Mais c'est avec difficulté
    Que l'on réforme ses usages.
    Quand il faut apaiser nos sens,
    Hélas! sommes-nous plus habiles!
    Nos corps sont des fardeaux pesans
    Trop maîtres des âmes subtiles.

Malheureux que je suis! quand viendra-t-il le jour
Où, las de voir le temps qui fuit et nous entraîne,

Où, quittant mes ardeurs et ma trop longue peine,
Je saurai parvenir à l'éternel séjour,
Où mes yeux à leur gré pourront se satisfaire
Et peut-être obtenir le bonheur de lui plaire!

SONNET 98.

Elle a pâli.

Sur son charmant sourire une vague pâleur
Répandit tout-à-coup un amoureux nuage ;
Ce spectacle troubla si vivement mon cœur
Qu'un changement semblable altéra mon visage.

Et je compris alors de quel secret langage
De quelle vue au ciel on connaît la faveur ;
Moi seul j'en découvris le secret et l'usage,
N'allant chercher que là ma joie et mon bonheur.

Un maintien gracieux, et l'attrait angélique,
Dont la main de l'Amour embellit la beauté,
N'en peut donner l'idée, et n'est rien à côté.

Dans ses regards baissés une grâce pudique
Qu'interprétait mon cœur, semblait me dire : « Quoi
» Mon plus fidèle ami va s'éloigner de moi ! »

SONNET 99.

Il est victime de l'amour, du hasard et de lui-même.

Mon esprit malheureux, l'amour et le hasard
    Affligent ma trop longue vie ;
Les jours évanouis ont lassé mon regard,
Le présent me désole, et bien souvent j'envie
Ceux qui m'ont précédé sur les funèbres bords.
Vivant, pour seul espoir j'ai l'asile des morts.

L'amour détruit mon cœur, et la fortune prive
Mon esprit insensé de tout soulagement.
Je m'irrite et gémis. Dieu ! dans un tel tourment,
Et combattant toujours, convient-il que je vive !
    Loin d'attendre de meilleurs jours,
    Sous un aspect bien plus funeste
    Je vois l'avenir qui me reste ;
Et ma vie est encore au milieu de son cours.

    Il n'était qu'un verre fragile
Cet espoir que j'ai cru semblable au diamant ;
Je l'ai vu s'échapper comme un rêve stérile,
    C'était tout perdre en un moment.

CANZONE 13e.

Il se plaint d'elle à la nature.

Si le penser, qui me désole,
Me persécute et me détruit,
Pouvait passer dans la parole,
Peut-être celle qui me fuit
De sentiment changerait-elle;
Et l'Amour, quittant son sommeil,
Par les charmes d'un doux éveil
Viendrait récompenser mon zèle.
Mes pas seraient moins isolés
Dans le vallon, sur la colline,
Et par celle qui me chagrine
Mes regards seraient consolés;
Et j'enflammerais cette glace
Qui dans le fond d'un cœur aimant

Ne laisse jamais une place
Étrangère à l'embrasement.

Puisqu'abusant de son empire
De tout l'amour prive mon cœur,
Mes vers, enfans de mon délire,
Seront sans grâce et sans douceur.
Mais dans ses dehors une plante
Ne montre pas tout ce qu'elle est ;
Elle sait cacher son secret
Sous l'apparence décevante.
Regarde dans mon cœur, Amour,
Dans ce pauvre cœur qui t'implore !
Vous aussi, beaux yeux que j'adore
Sous l'ombre où je vois fuir leur jour,
Regardez ! mais, quand ma constance
S'exprime en douloureux sanglots,
Je ne souffre pas seul ! j'offense
L'unique objet de tous mes maux.

Mes vers, qui calmiez mes alarmes,
Quand, au début de mes douleurs,
Je n'employais pas d'autres armes
Que vous et vos tendres douceurs,
Eh quoi ! celle qui vous inspire
N'aidera-t-elle pas mon cœur
A modérer tant de rigueur
Par les doux efforts de ma lyre ?

Sans cesse je sens revenir
En moi son image fidèle;
Et l'Amour, en me parlant d'elle,
Éternise son souvenir.
Pour l'effacer ma force est vaine,
Mon péril augmente toujours,
Et je trouve un surcroît de peine
Où j'avais cherché du secours.

Semblable à l'enfant qui commence
A balbutier quelques mots,
Et qui, redoutant le silence,
S'épuise en stériles propos,
Je cède au désir qui m'entraîne
A dire tout ce que je sens,
Et j'exige que mes accens
Soient entendus par l'inhumaine.
Mais, si ses attraits adorés,
Suffisant à sa juste joie,
Font qu'elle dédaigne sa proie,
Vert ruisseau, vous les entendrez,
Et par votre aide, rive amie,
Mes soupirs rediront toujours
Que vous n'étiez pas ennemie
De mes chants et de mes amours.

De ses pieds conservant les traces,
Bénissez vos heureux destins :

Jamais le passage des Grâces
N'a laissé des traits plus certains.
Ruisseau, ma fidèle tendresse
Revient souvent auprès de toi,
Et sans crainte fie à ta foi
Les doux secrets de sa tristesse.
Oui, parmi ton herbe et tes fleurs,
De cette beauté mémorable
Garde bien l'empreinte adorable
Pour justifier mes douleurs,
Et pour qu'un déluge de larmes
A mon âme apporte la paix !
Mais comment calmer les alarmes
D'un cœur qui n'espère jamais !

Ici je me plais à redire :
« Ces bords sont connus de ses yeux ;
» Elle aima l'air que je respire ;
» Sa présence honora ces lieux. »
Si je cueille une herbe fleurie,
J'aime à penser que le séjour,
Où cette herbe a reçu le jour,
Peut-être est la place chérie
Où, loin du monde et de ses maux,
Sa tristesse contemplative
Dans le désert de cette rive
Trouvait le charme du repos.
Ce vague m'attire, je l'aime,
Car d'elle tout m'est précieux.

Noble esprit, qu'es-tu donc toi-même,
Si tu fais ainsi des heureux!...

ENVOI.

Mais quel est ton accent sauvage,
Et quelle est ta nouvelle loi,
O ma muse! reste en ce bocage :
Le monde n'est pas fait pour toi.

CANZONE 14e.

Désireux de mourir, il adresse ses dernières paroles au site, à l'arbre, aux fleurs, aux herbes, à l'air qui lui semblèrent participer à une divine apparition de la beauté.

Onde fraîche, douce, limpide,
Où le type de la beauté
Avec une grâce timide
Fuyait les ardeurs de l'été,
Rameau cher à ma souvenance,
Et qu'en soupirant je revois,
Pour la soutenir, quelquefois
Vous lui prêtiez votre assistance.
Gentilles fleurs au prompt déclin,
A la gloire trop passagère,
Que couvraient sa robe légère
Et son jeune et candide sein,
Air serein pur et délectable,
Où l'Amour éclaira mon cœur,

Donnez un accueil favorable
Aux derniers chants de ma douleur.

S'il faut subir ma destinée,
Succomber à l'œuvre des cieux,
Qu'une larme me soit donnée
Par l'Amour en fermant mes yeux.
Et, lorsque mon âme lassée,
Parvenue au terme fatal,
Fuira vers le séjour natal,
Qu'ici ma tombe soit placée.
Si dans le suprême moment
Cet espoir me reste fidèle,
La mort me sera moins cruelle,
Et son doute moins alarmant.
Je ne puis chercher un asile
Mieux inventé pour ma douleur,
Ni trouver un port plus tranquille
Pour le naufrage de mon cœur.

Peut-être encor, sur ce rivage
Toujours cher à son souvenir,
Cette beauté tendre et sauvage
Se plaira-t-elle à revenir;
Et, près de l'asile où ma cendre
A son insu reposera,
D'un air joyeux on la verra
Me chercher peut-être et m'attendre.

Elle comprendra la rigueur
De son œuvre quand à sa vue
Paraîtra la tombe imprévue,
Seul terme d'un trop long malheur.
Que ses soupirs, juste vengeance
Offerte à mes longues douleurs,
Du ciel n'obtienne la clémence,
Et que ses yeux versent des pleurs.

De l'arbre sur qui je m'appuie,
(Tendre et doux souvenir du cœur!)
Les fleurs tombant comme une pluie
De son sein voilaient la pudeur.
Modeste et digne de mémoire,
Elle était assise humblement,
Et sous son nuage embaumant
Paraissait ignorer sa gloire.
Et l'on voyait tomber les fleurs
Sur son voile, sur sa parure
Et sur l'or de sa chevelure;
Et d'autres, après mille erreurs,
Gisaient sur la terre ou sur l'onde,
Et tout, au sein de ce séjour,
Que charmait une paix profonde,
Disait : « Ici règne l'Amour ».

Que de fois, rempli d'épouvante
A ce spectacle, je me dis :

« L'objet de ma flamme constante
» Naquit sans doute au Paradis! »
Son doux sourire, sa parole,
Son maintien, sa pose, ses traits,
Qu'on ne peut oublier jamais,
M'avaient fait sortir de mon rôle ;
Je doutais de la vérité.
Et je disais, dans ma surprise :
« Que m'arrive-t-il donc? où suis-je? »
Au ciel je me croyais porté
Par l'effort de la rêverie.....
Depuis ce jour, je ne me plais
Que dans cette verte prairie ;
Ailleurs je cherche en vain la paix.

ENVOI.

Si tu brillais par la parure
Comme par l'ardeur que je vois,
Canzone, enfant de la nature,
Tu pourrais, cherchant aventure,
Pour le monde quitter les bois.

CANZONE 15ᵉ.

Les images et les dissemblances tempèrent sa douleur, et le maintiennent en vie.

A l'objet vers lequel j'ai pour guide l'amour
J'adresserai sans fin les rimes désolées
Qu'enfantent de mon cœur les veilles isolées.
Cette œuvre de la nuit est l'œuvre aussi du jour.
Qu'avez-vous dit mes vers ? que direz-vous encore ?
Celui qui sait si bien le tourment que j'adore
Me jette dans le doute, et me laisse confus.
Tout est resté pourtant gravé dans ma mémoire,
Car lui-même écrivit dans mon cœur cette histoire.
Les maux que j'ai soufferts, tous les faits que j'ai vus,
  Je veux, je saurai les redire :
  La plainte allége le martyre.
  Mais je dois surtout assurer
  Qu'elle offre à mon cœur trop fidèle
  De tous les charmes le modèle
  Digne de se voir adorer.
  Plein d'un feu qui se renouvelle,

Afin de toujours admirer,
Je ne regarde jamais qu'elle.

Depuis que le destin maître de l'avenir,
Exerçant sur ma vie une rigueur extrême,
A voulu séparer mon cœur de ce qu'il aime,
L'amour ne me soutient que par le souvenir.
Aussi, lorsque sortant de la crise hivernale,
La nature reprend sa robe virginale,
Je crois revoir encor jeune comme autrefois
Celle qui m'apparut comme une fleur nouvelle
Que le progrès des ans rendit encor plus belle,
Et que le monde voit telle que je la vois.

Et, quand l'astre du jour inonde
De son feu vertical le monde,
Qu'il éblouit de son ardeur,
Dans mon transport je le compare
Au feu qui de mon cœur s'empare
En despote triomphateur.
Un double foyer m'illumine;
Mais mon astre accroît sa splendeur
Quand l'autre faiblit et décline.

Voyant la violette et le feuillage vert,
Dont s'embaume le ciel, dont se pare la terre,
Quand le soleil reprend une ardeur salutaire,
Quand la douce saison met en fuite l'hiver,
Je crois revoir encor les fleurs et le feuillage,
Dont se servit l'amour pour vaincre mon courage

Et la tendre pudeur des membres délicats
Que recouvrait alors la teinte juvénile,
Et qui d'une âme forte aujourd'hui sont l'asile.
A tout autre plaisir je ne m'attache pas.
  Je ne peux sans insouciance
  Revoir toute autre jouissance;
  Je ne me plais qu'au souvenir
  D'une jeunesse florissante,
  Et d'une candeur séduisante
  Qui souriait à l'avenir.
  Elle a su tenir sa promesse,
  Et d'elle seule peut venir
  Et mon bonheur et ma tristesse.

Du soleil sur les monts j'aime à voir les effets;
Il amollit la neige et dissipe sa trace.
C'est ainsi que l'amour, confondant mon audace,
Affaiblit mon espoir sous l'effort de ses traits.
Il est mon Dieu, ma loi, mon arbitre, mon maître;
Privé de lui, je meurs; par lui seul je peux être.
Ah! que j'aime à songer aux attraits plus qu'humains
Qui troublent les regards à travers la distance,
Et, partout et toujours signalant leur puissance,
Vainquent un cœur rebelle, et règlent ses destins.
  De lys et d'or l'heureux mélange,
  Semblable au souvenir d'un ange,
  Mais soumis au joug corporel,
  Et triomphant de tout obstacle,
  Déploie à mes yeux un spectacle

Qu'ignore tout autre mortel.
Vainqueur de l'oubli, son sourire
Rendit mon désir immortel,
Ainsi que mon heureux délire.

Je crois avoir encor sous mes regards les yeux
Sur lesquels ma langueur se repose et s'appuie,
Quand, succédant dans l'ombre à la nocturne pluie,
Les astres conquérans viennent parer les cieux !
Ainsi je les ai vus à l'ombre d'un beau voile
Me montrant du bonheur la bienfaisante étoile.
Le ciel était alors tel que je le revois
Chargé d'onde et de feux ; mon cœur se le rappelle,
Et dans ce souvenir puise une ardeur nouvelle,
Et je me sens brûler encor comme autrefois.
Quand je vois la nuit disparaître
Et le brillant soleil renaître,
En lui se présente à mon cœur
L'amour ce tyran de mon âme,
Renouvelant sa vive flamme,
Et m'embrasant de son ardeur.
Quand l'astre achève sa carrière,
Je vois dans la sombre vapeur
La fuite d'une autre lumière.

Si dans un vase d'or mes yeux ont contemplé
La rose blanche unie à la rose vermeille,
De la simple nature élégante merveille,
Bouquet qu'une main vierge aux champs a rassemblé,

Il me semble admirer une fidèle image
De la femme qui sert de modèle à notre âge.
Seule elle réunit l'harmonieux trésor
De la triple beauté dont elle se compose :
Un teint épanoui qu'envierait une rose,
Et sur son col de lys ses longues tresses d'or.
>   Et pour peu qu'au sein de la plaine
>   Zéphire de sa chaude haleine
>   Agite mollement les fleurs
>   A l'ombre champêtre des aulnes,
>   S'il en est de blanches et jaunes,
>   Je me rappelle mes ardeurs
>   Le premier jour où je vis Laure,
>   Son teint, ses cheveux enchanteurs :
>   Sources d'un feu qui dure encore.

Ma tâche était semblable à celle d'un mortel
Qui des astres divins dont le feu nous éclaire
Rechercherait le nombre, ou voudrait dans son verre
Renfermer toute l'eau que nous donne le ciel.
C'est là ce que je fais quand je veux sur ma lyre
Célébrer la beauté qui sans cesse m'inspire,
Et prouver que les cieux en elle ont assemblé
Des attraits dont chacun suffit pour rendre belle,
Me préservant ainsi du tort d'être infidèle.
Et d'ailleurs à quoi sert à mon cœur désolé
>   De fuir !.. ma triste souvenance
>   En tout lieu me rend sa présence,
>   Et la terre et le ciel n'ont pas

D'asile qui ne soit son temple,
De beautés où je ne contemple
Quelque reflet de ses appas.
Je ne vois qu'elle, et je ne désire
Ne voir qu'elle, suivre ses pas,
Et l'invoquer dans mon délire.

ENVOI.

Stances, vous le savez, pour le secret d'amour,
Dont mon cœur malheureux s'entretient nuit et jour,
La parole toujours stérile
Ne m'empêche pas de souffrir.
Pendant la rigueur qui m'exile,
Elle est du moins comme un asile
Qui ne me laisse pas mourir.

CANZONE 16°.

Aux cœurs italiens.

O mon pays! orgueilleuse Italie!
Mon luth encor peut-il guérir le mal
    Qui t'a dès long-temps assaillie,
    Et t'entraîne au terme fatal?
Mêlons du moins mon murmure sévère
A ceux du Tibre et de son souvenir;
Et qu'Éridan sur son bord solitaire
Se plaise encore à me voir revenir.

Maître du ciel, que l'envoyé sublime,
Qui parmi nous autrefois descendit,
    Pour ce sol aimé se ranime,
    Et lui rende ce qu'il perdit.
Vois les motifs d'une odieuse guerre,
Daigne adoucir l'injuste autorité,
Et, si tu peux exaucer ma prière,
Fais que ma voix dise la vérité.

Vous qui gardez dans vos mains trop altières
Ces beaux états qui se plaignent de vous,

Pourquoi ces armes étrangères
   Qui dès long-temps pèsent sur nous ?
Pourquoi ce sang sur nos vertes prairies,
Ce sang versé pour un cruel pouvoir ?
Dupes des cours, et de leurs flatteries,
Vous voyez mal et vous croyez bien voir.

Vous vous fiez à des âmes vénales
Dont les calculs ne mènent qu'aux erreurs ;
   Et les richesses sont fatales
    A leurs malheureux possesseurs.
De quel désert, de quel lointain rivage
Ce noir déluge avait-il pris son cours ?
Si ce malheur est notre propre ouvrage,
D'où pouvons-nous attendre du secours !

Dans la nature est pour nous une amie ;
Pour protecteurs nous avons ses hasards ;
   Entre nous et la Germanie,
   Les Alpes servent de remparts.
Mais contre nous s'arme l'aveugle rage,
Et parmi nous s'introduit tout son mal.
Quand le paisible est auprès du sauvage,
Au bon toujours l'autre devient fatal.

Rappelez-vous cette engeance inhumaine
Qui n'eut jamais ni morale ni foi.
   Sous Marius, l'aigle romaine
   Leur fit sentir sa dure loi.

Quelqu'un a-t-il perdu la souvenance
De ces soldats vengeurs de tous nos maux,
Et de ce fleuve où leur mâle vaillance
Buvait le sang qui grossissait les flots ?

Le grand César triomphateur du monde
Avait contre eux aguerri ses soldats.
    Quel est chez eux le champ ou l'onde
    Que son fer n'ensanglanta pas !..
Justifiez cette noble mémoire,
Ou l'on dira que les cieux ennemis
Vous ont trouvés indignes de la gloire
Et des destins qu'ils vous avaient commis.

Vos passions ont gâté l'Italie
Du monde entier la plus charmante part ;
    Et par vos torts est avilie
    La terre qu'honora César.
Pourquoi sévir contre le voisinage ?
Pourquoi ce trouble, et pourquoi ces proscrits ?
Partout l'on voit le sang et le ravage ;
Partout on voit mettre l'honneur à prix.

Si j'ai parlé, c'est pour être sincère,
Et non par haine, injustice et mépris.
    Hélas ! aurais-je pu me taire
    En voyant vos destins trahis !..
Revenez donc de votre erreur grossière,
Mettez enfin un terme à votre tort :

Assez long-temps la perfide Bavière
S'est cru le droit de régler votre sort.

De tous les maux le pire est le carnage.
Le sang encor doit-il couler à flots !
    Pourrait-il couler davantage,
      Si c'était pour venger nos maux !
Pensez à vous de l'aurore à trois heures ;
Sachez agir, et surtout sachez voir :
Ce qui se passe en certaines demeures
Vous montre assez quel peut être l'espoir.

Quand on reçoit les lois de la bassesse,
Comment peut-on des autres faire cas !
    Sang latin, qu'au moins ta noblesse
      T'inspire et ne te quitte pas.
Ne fesons point d'un vain nom notre idole ;
Qu'on nous connaisse à nos généreux coups ;
Et ne laissons monter au Capitole
Que les héros qui sont dignes de nous.

Voici mon nid et la douce contrée
Que je touchai de mes pas enfantins !
    Voilà cette terre adorée
    Où je souriais aux destins !
N'est-ce pas là cette grande patrie
A qui j'offris mes vœux et mes sermens,
Mère bénigne, et pieuse et chérie
A qui ma foi confia mes parens !

Ah ! que ceci quelquefois vous anime ;
Et regardez avec pitié les maux
    D'un peuple toujours magnanime,
    Qui de vous attend son repos.
Notre vertu, qui n'est point avilie,
Aura bientôt mis en fuite l'erreur,
Car dans les cœurs de la noble Italie
Il reste encore une antique valeur.

Voyez, seigneurs, comme le temps s'envole,
Comme la vie avec hâte s'enfuit.
    La mort nous pousse par l'épaule,
    Et nous talonne et nous poursuit.
Partirez-vous comme le fait le sage ?
Aurez-vous eu le soin de le prévoir !
L'âme ne doit, dans ce fatal passage,
Ne plus garder que le don de l'espoir.

En avançant dans notre val funeste,
Délivrez-vous de tous ressentimens,
    Vents opposés au sort céleste
    But de vos saints engagemens,
Rendons féconds en œuvres honorables
Des jours perdus en soins pernicieux ;
Ne fesons plus de mal à nos semblables,
Et leur bonheur nous ouvrira les cieux.

ENVOI.

Mes vers, ayez un modeste langage,
Car il faudra que vous soyez admis

Chez des hommes d'humeur sauvage
Et du vrai toujours ennemis.
Allez surtout chercher la bienveillance
Chez de grands cœurs qui ne trompent jamais ;
Demandez-leur d'où viendra l'espérance,
Et moi j'irai criant : La paix, la paix !

CANZONE 17e.

Tristesse de l'absence.

De penser en penser, de colline en colline
Me guide un sentiment qui toujours me domine,
Car les chemins frayés et les sentiers battus
Ne conviennent jamais à la tranquille vie.
Le séjour qui paraît mériter son envie
Et devoir attirer ses pas irrésolus,
  C'est une plage solitaire,
  Un bord aux bondissantes eaux,
  Un val ombreux et tutélaire
  Entre deux verdoyans coteaux.
Cherchez pour la douleur la retraite isolée ;
Là seulement s'apaise une âme désolée ;
Et, suivant de l'Amour le caprice exigeant,
Elle rit, ou se plaint, s'effraie ou se rassure ;
Son visage comme elle est mobile et changeant,
Et nulle impression sur lui long-temps ne dure.
 L'homme qui peut comprendre ce destin
  Par sa funeste expérience
  Le reconnaît à l'apparence ;

Il dit : « Voilà ma ressemblance :
« Un cœur brûlant, de son sort incertain. »

Sur le mont élevé, dans la forêt sauvage,
Je rencontre à la fin un calme qui soulage.
Tout pays habité par des êtres humains
Est pour mes tristes yeux un mal que je déplore.
A chacun de mes pas pour celle que j'adore,
Et qui jusqu'au tombeau réglera mes destins,
    Je sens naître un penser fidèle,
    Qui tourne souvent en plaisir
    Le mal que j'endure pour elle,
    Mal, cher objet de mon désir.
Et sitôt que je veux, guidé par l'espérance,
Abdiquer cette amère et trop douce existence,
Je me dis que l'Amour garde à mon avenir
Peut-être un temps meilleur, une époque agréable,
Que je ne me crois pas digne de souvenir,
Mais que quelqu'un peut-être est moins défavorable.
  J'exhale alors les cris du désespoir,
    Victime d'un amour fidèle
    Et d'une chance trop cruelle.
    Hélas! l'erreur m'égare-t-elle?
  Et ne pourrai-je à la fin le savoir!...

Au pied d'un vert coteau qui répand son ombrage,
Ou sous le pin altier géant du pâturage
Quelquefois je m'arrête, et mon esprit rêveur
Sur le premier rocher dessine une figure...

Puis je reprends mes sens jouets de ma torture,
Et retrouve mon sein baigné par ma douleur.
    Quel pouvoir, me dis-je, t'exile?
    Que viens-tu faire, infortuné?
    Guide mieux ton esprit mobile;
    Sous quelle planète es-tu né!
Mais, au premier penser tant que je suis fidèle,
Oubliant tout et moi, ne m'occupant que d'elle,
Je sens si près de moi l'Amour consolateur
Que du plaisir d'aimer mon âme satisfaite
Ne songe qu'à jouir même d'un faux bonheur,
Et ne s'alarme pas des chances de défaite.
    Lorsqu'entraîné par mon sensible cœur
      Près de la beauté que j'admire,
      Et dont je reconnais l'empire,
      Je me crois au but où j'aspire,
    Si c'est un rêve, ah! prolongeons l'erreur.

Charme consolateur et digne de mémoire,
Plusieurs fois je la vis; mais qui voudra me croire!
Oui, je la vis dans l'onde, et sur l'herbe des champs,
Et sous les verts rameaux d'un hêtre au doux ombrage,
Et vers le ciel lui-même au sein d'un blanc nuage,
Vivante et sous des traits nobles et si touchans
    Que Léda rougit pour sa fille
    Qui perd à la comparaison :
    Aussitôt que le soleil brille,
    L'étoile n'a plus un rayon.

Quand je suis dans des lieux dépouillés et sauvages,
Quand j'erre abandonné sur de tristes rivages,
Le souvenir la rend plus charmante à mes yeux ;
L'image s'embellit quand elle est retracée
Non pas pour le regard, mais pour un cœur pieux ;
Quand l'art n'a point terni l'œuvre de la pensée.
  Puis, quand le vrai dissipe cette erreur,
   Contemplant une vaine trace,
   Je reste à cette même place,
   Comme un marbre ou comme la glace,
  Et je parais un fantôme rêveur.

Vers le sommet d'un mont formidable et sublime,
Où ne peut parvenir l'ombre d'aucune cime,
Un intense désir m'attire et me rétient ;
Je mesure des yeux ma peine et mon dommage ;
Par l'excès de mes pleurs mon âme se soulage,
Et dans la vie encor s'arrête et se soutient.
   A travers le sombre nuage
   Formé par un triste destin,
   Je sens combien un beau visage
   Est à la fois proche et lointain !
Puis je me dis : « Pour toi peut-être l'on soupire ».
A ce penser si doux mon âme enfin respire.
Allez, allez, mes vers, où finit l'Apennin,
Où mon cœur va chercher une trop chère image ;
Au-delà de ces monts, sous un ciel plus serein,
Vous me retrouverez, mes vers, près d'un rivage
  Où, loin du trouble et du sombre souci,

SONNET 100.

Il fut banni du lieu où il la voyait; il est banni de celui où il pensait à elle.

Vous aimant sans pouvoir vous plaire,
Je pris un sentier solitaire
Qui devait m'éloigner de vous.
Ah! si votre regard sévère
Avait apaisé son courroux,
Il eût été de ma constance
La précieuse récompense.

Soumis à mon sort douloureux,
Je garde mes soupirs, mes larmes,
Soulagement des malheureux.
Mon cœur sait leur trouver des charmes.
Votre portrait consolateur
Se retrace à mes yeux chaque jour..... douce erreur!
Prodige de l'Amour! ah, ce maître fidèle
Vaut mieux que Phidias, Zeuxis ou Praxitèle.

Si mon exil et sa rigueur

Ne pouvaient désarmer l'envie,
Du Scythe et du Numide implorant le secours,
Dans ces lointains déserts j'irais cacher mes jours,
Mais la terre n'a pas d'asile pour ma vie.

SONNET 101.

A Jacopo Lentino qui lui demandait comment il devait répondre aux caprices de sa belle.

L'Amour m'inspirerait des accens séducteurs;
Je ferais naître enfin dans cette âme glacée
    Et mes soupirs et ma pensée
    Et ma tendresse et mes douleurs.
    Je verrais s'altérer ses charmes;
    Et ses yeux noyés dans les pleurs;
    Et je serais de ses erreurs
    Assez vengé par ses alarmes.
Je verrais sur son teint l'affligeante pâleur
    Remplacer la vive fraîcheur
    Et le doux éclat de la rose;
    Et moi seul j'en serais la cause.
    Heureux, je bénirais mes jours;
Et je prierais les Dieux d'en prolonger le cours.

SONNET 102.

Combats de ses pensées.

Qu'est-ce donc que je sens si ce n'est l'Amour même?
Je ne puis le comprendre et ne puis en guérir.
Ce ne peut être un bien, car il me fait souffrir;
    Ce n'est pas un mal, car je l'aime.

    Pourquoi ce tourment et ces pleurs?
Si j'ai voulu ce mal, je ne dois pas le craindre;
Si je n'en suis pas maître, à quoi sert de me plaindre!
    Plaisirs cruels, douces langueurs,
      D'où vous vient sur moi cet empire
      Que je redoute et que j'admire?

Sans voile abandonnée aux orageuses mers,
Ma barque est le jouet de Neptune et d'Éole.
Que n'ai-je la sagesse! au moins elle console
    Des tourmens que l'on a soufferts!

SONNET 103.

Il exprime par des images la misère de sa vie.

Ah ! de l'amour tristes effets !
Je suis en butte à tous vos traits.
Vous exercez sur moi l'empire
Que la vive chaleur a sur la faible cire,
Le soleil sur la neige et ses flocons légers,
Le vent sur la nuée incertaine et soumise.
Mais sans compassion ainsi que sans surprise
Vous avez contemplé mes maux et mes dangers
Tous cependant sont votre ouvrage.
J'ai vu mon déclin avant l'âge....
C'en est fait l'amour me détruit;
Sans cesse il m'éblouit, me blesse et me poursuit.
Mes pensers, mes désirs, vos charmes,
Ce sont là ses puissantes armes.
Vous êtes ce soleil, ce vent, cette chaleur
Si redoutables pour mon cœur.
Votre esprit, votre doux langage

Et vos accens harmonieux
Ont été la fidèle image
D'un ouragan impétueux,
Devant lequel ma vie a fui comme un nuage.

SONNET 104.

État affreux dans lequel il est tombé à cause d'elle.

Je ne puis rencontrer ni la paix ni la guerre.
Je sens naître en mon sein une secrète ardeur;
Bientôt un froid mortel pénètre dans mon cœur.
   Je désire, je crains, j'espère;
   Et dans le vague solitaire,
   Où coulent mes jours orageux,
Mon âme veut encore interroger les cieux
Après avoir en vain interrogé le monde;
Mais je reste plongé dans une nuit profonde.

   Celle que j'aime, que je sers,
   Et qui seule a causé mes peines,
   N'a pas voulu briser mes fers,
   Et ne veut pas porter mes chaînes!
Ma bouche ne peut plus redire mes douleurs,
Et mes yeux fatigués ne versent plus de pleurs.
   Repoussé par celle que j'aime,
Je perds toute espérance et je me hais moi-même,

Je désire mon dernier jour.
Mais bientôt j'ose encore espérer le retour
De la paix qui me fut ravie.
Je crains la mort, je crains la vie :
Voilà l'ouvrage de l'Amour.

CANZONE 18e.

Sa ressemblance avec les choses les plus étranges de ce monde.

Une chose sans cesse étonnante et nouvelle,
Miracle de nos jours et des temps révolus,
    Tu le sais bien, Amour, c'est celle
    A qui je ressemble le plus.
Du point où prend l'essor l'astre qui nous éclaire
Vole un oiseau, toujours sans compagne, isolé,
Renaissant jeune et beau d'un trépas volontaire,
Et pour une autre vie alors renouvelé.
Ainsi, sur le sommet de ses hautes pensées,
Tout mon désir retrouve un excès sans pareil,
    Et de nouveau vers son soleil
    Tourne ses ardeurs insensées.
Il se consume et rentre en son état premier;
   Il brûle et meurt sans perdre l'espérance,
    Puis il retrouve l'existence,
Et comme le phénix il revit tout entier.

Il est aux bords de l'Inde une pierre orgueilleuse
Qui, des flancs des vaisseaux attirant tous les fers,

Plonge une nef présomptueuse
Dans l'humide abîme des mers.
Dans l'onde de mes pleurs voilà ce que j'éprouve!
Voilà ce qu'a produit le séduisant écueil
Qui submergea mes jours; et partout je retrouve
Les cruels attentats d'un implacable orgueil!
N'est-ce pas encore lui qui dépouilla ma vie
En dérobant mon cœur si solide autrefois,
Et qui du malheur de mon choix
Fit un destin digne d'envie!
Hélas! ne suis-je pas moi-même déchiré
Par un rocher qui de chairs est avide!
Et par cet autre aimant perfide
Ne suis-je pas toujours vers ma perte attiré!...

Il est en Occident une bête sauvage,
Dont rien ne peut au monde égaler la douceur.
Dans ses yeux toujours pleins de rage
Gisent la mort et la douleur.
Sur elle on doit jeter les yeux avec prudence,
Car du mal qu'elle cause on ne guérit jamais.
Il faut fuir de ses yeux la funeste puissance;
Mais l'on peut rendre hommage à ses autres attraits.
Et moi, que toujours guide une imprudente peine,
Je cours vers le péril, j'aime à le voir venir,
Et, me riant du souvenir,
Je rends l'expérience vaine.
Mais mon désir aveugle et sourd ne peut faiblir;
Il me ramène aux pieds de mon idole;

Et le monstre innocent m'immole,
Quand j'adore les traits par qui je dois périr.

Une source surgit dans la brûlante zône,
Et reçut son éclat et son nom du soleil.
  Dans la nuit son onde bouillonne,
  De jour, son froid est sans pareil.
Quand le soleil montant vient plus près de la terre,
Le froid de cette source augmente ses rigueurs.
Tel est le sort constant et le destin austère
De moi source et séjour de souffrance et de pleurs.
Quand la noble lumière, astre cher à mon âme,
S'éloigne, la tristesse appesantit mes yeux,
  La nuit est obscure pour eux,
  Et je sens s'accroître ma flamme.
Mais, du vivant soleil si je revois l'ardeur,
  Les doux rayons, l'or pur qui les compose,
  J'éprouve une métamorphose,
Et la glace mortelle est rentrée en mon cœur.

L'Épire, nous dit-on, possède une fontaine,
Dont soudain l'onde froide allume des flambeaux;
  Et cette même eau souveraine
  Peut les éteindre dans ses flots.
Mon âme, qui jamais de l'amoureux martyre
N'avait encor connu le charme et le péril,
Auprès du froid objet pour lequel je soupire
Fut sur le champ saisi du feu le plus subtil.

Jamais le ciel ne vit une telle souffrance;
Un cœur de marbre aurait su plaindre mon destin;
    Mais ce feu bientôt fut éteint
    Par une glaciale influence.
Ainsi plus d'une fois elle embrasa mon cœur,
    Pour l'attaquer de plus belle et l'éteindre;
    Voilà le mal que je dois craindre!
Il n'a que trop souvent excité ma fureur.

Dans la mer la Fortune a des îles fameuses,
Bien loin de nos regards et de nos bords heureux;
    Là sont deux sources merveilleuses
    Qu'enveloppe un sort ténébreux:
Lorsque l'on boit de l'une, en riant on expire;
De l'autre tout mortel s'abreuve impunément.
Tel fut toujours mon sort depuis que je respire;
Et je sens que je puis aussi mourir gaîment,
Tant je trouve de charme à mon heureux partage,
Malgré les cris fréquens qu'exhale ma douleur.

    Amour, toi qui guides mon cœur
    Parmi les erreurs du bocage,
A l'ombre d'un talent qui n'a pas vu le jour,
    Cachons nos pleurs, et cachons la fontaine;
    La source va devenir pleine,
Car voici la saison où naquit mon amour.

ENVOI.

Si quelqu'un veut savoir quelle est mon existence,
Canzone, va lui dire: « Au fond d'un val fermé,

» Sous un rocher qui donne à la Sorgue naissance,
» Sans témoin, nuit et jour, il se tient renfermé.
» Là se trouvent l'Amour son compagnon fidèle,
   » Et l'image de la beauté
» Qui causa son bonheur et son adversité :
   » Il fuit tout ce qui n'est pas elle. »

SONNET 105.

Contre la cour de Rome qui résidait alors à Avignon.

Tombe le feu du ciel sur ta tête hautaine,
    Méchante, qu'on voit aujourd'hui
    S'enrichir aux dépens d'autrui.
L'indolente luxure et les maux qu'elle amène
    Peuvent seuls charmer tes loisirs.
Nid de perversités et d'ignobles plaisirs,
Tu répands tous les maux sur la nature humaine.
Jadis l'eau du torrent et l'humble fruit du chêne
    Savaient contenter tes désirs.
    Du moins ta jouissance est vaine :
    Tu verras fuir bientôt et sans retour
Tes incertains trésors et ton frivole amour.
    De ton imprudente jeunesse,
    Et de ta coupable vieillesse
    Le ciel troublera les ardeurs.
    Par les privations, les larmes,
    Le vain regret et ses douleurs,
Il faudra de la vie expier tous les charmes.
Les vents se lèveront contre ta nudité,
    Tu marcheras dans les épines,
Et l'odeur des forfaits, sortant de tes ruines,
Demandera vengeance à la divinité.

SONNET 106.

Le poète promet à Rome la prochaine arrivée d'un libérateur qui doit lui rendre l'âge d'or.

C'en est fait, Babylone a comblé la mesure,
    Le ciel vengeur avec usure
    Va punir ses iniquités.
Elle n'adore plus le dieu de la nature ;
L'amour, le vin et l'or sont ses divinités.

Au gré de mon désir je vois déjà paraître
    Vers l'horizon le nouveau maître
Sous qui ce noble empire à présent abattu
Doit recouvrer un jour sa gloire et sa vertu.

Ses idoles seront le rebut de la terre ;
    Les adorateurs des faux dieux,
    Leurs palais ennemis des cieux
Dans la flamme expiront leur orgueil téméraire.
Le monde reprendra son antique vigueur ;
    A ses vertus il devra son bonheur.

SONNET 107.

Babylone sera punie.

Temple, où triomphe l'hérésie,
Toi que l'impiété pour son trône a choisie,
Féconde source de douleurs,
Trop juste sujet de mes pleurs,
Tu n'es plus Rome, en vain sa splendeur t'environne,
En toi j'ai reconnu l'affreuse Babylone.
Ton sein funeste est l'enfer des vivans,
La vertu n'y peut vivre, et le mal y prospère.
Le Christ te prouvera par d'affreux châtimens
Et sa justice et sa colère.

SONNET 108.

A des amis qu'il s'afflige de ne pouvoir rejoindre.

Troupe légère, troupe amie,
Plus je vole vers vous sur l'aile du désir,
    Et plus la fortune ennemie
    Met d'obstacles à mon plaisir.
Mon cœur vous cherche encor dans la vallée heureuse,
    Où du jour l'astre radieux,
    Où de la mer l'onde orageuse,
    Furent témoins de nos adieux.
    Guidé par la force cruelle,
    Attiré par le tendre amour,
    Je n'ai pu quitter ce séjour
    Au gré de mon espoir fidèle.
Une Jérusalem, modèle de vertus,
    Dans son sein pieux vous appelle.
Et moi je vais chercher une Égypte nouvelle,
Où je ne trouverai que des cœurs corrompus!
    Hélas! la triste expérience
    M'apprit à vivre loin de vous;
    Mais, pendant les maux de l'absence,
    Dans mon cœur la douce espérance
    Répand ses bienfaits les plus doux.

SONNET 109.

Il souffrira, mais il saura se taire.

L'amour, qui dans mon âme habite, vit et règne,
A sa place surtout dans le fond de mon cœur;
Mais sur mon front parfois il se montre vainqueur,
Et, s'y plaçant en maître, arbore son enseigne.

La cruelle à l'aimer, à souffrir nous enseigne,
Et veut que, renonçant à l'espoir bienfaiteur,
A force de raison j'apaise mon ardeur,
Et réprime en mon sein des vœux qu'elle dédaigne.

Mon amour dans mon cœur se hâte de rentrer,
Pleurant ses soins perdus et sa gloire ravie;
Il s'y cache, et dehors n'ose plus se montrer.

Que faire, hélas! craignant ce maître de ma vie,
Sinon bénir des nœuds que j'aime à resserrer?
Quand on meurt en aimant, on est digne d'envie.

SONNET 110.

Il n'est conduit par son désir qu'à la douleur.

    Souvent dans la chaude saison
    Un jeune ami de la lumière,
    Simple et fantasque papillon,
Affronte d'un regard la lueur meurtrière
    Qui semblait promettre un doux sort,
Et cause des regrets en recevant la mort.

Ainsi je cours sans cesse à mon soleil funeste,
A ces yeux d'où me vient une telle douceur
Que la raison exerce une vaine rigueur,
Et que l'ardent désir l'emporte sur le reste.

    Je sais ce qu'ils m'ont fait souffrir
Dans la triste carrière où leur charme m'entraîne ;
    Je sais que je dois en mourir,
Et ma vertu ne peut résister à ma peine.

Ébloui sans regret par leur vive clarté,
Je songe seulement à l'importunité
    De ma poursuite et de mon zèle ;

Et l'amour me reproche avec aménité
Les pleurs que je verse pour elle
Et non pour mon adversité,
Et cet aveuglement fidèle
Qui me porte à mourir avec docilité.

SEXTINE 5e.

Il se retourne vers Dieu.

Sous la douce ombre du *feuillage*
Cherchant un paisible séjour,
J'allai fuir un dangereux *jour*
Dont je redoute le ravage.
Jusqu'à présent du haut des *cieux*
Ce jour fatal et radieux
A seul causé tout mon dommage.
Déjà les frimas des *coteaux*
Ont disparu devant Zéphire,
Et sous les ombrages nouveaux
Un chantre harmonieux soupire.
On croit voir rajeunir le *temps*
Par la puissance du printemps,
Et de son amoureux délire !..
Et l'on voit sur le bord des eaux
Reverdir l'herbe et les *rameaux*.

Jamais d'aussi charmans *rameaux*
N'ont été vus sous le bocage;

Et jamais, même au bord des eaux,
Ne s'agite un si vert *feuillage*,
Comme je le vois dans ce *temps*
Paré des charmes du printemps.
Aussi, pour fuir l'affreux ravage
Que produit l'éclat d'un tel *jour*,
Ne cherché-je pas de séjour
Qu'embellisse un vulgaire ombrage ;
Je fuis les monts et les *coteaux*,
Les prés, les forêts et les flots ;
Une plante est mon espérance,
Mon trésor le plus précieux,
Et, juste objet de ma constance,
Elle est chère à moi comme aux *cieux*.

Mon seul abri contre les *cieux*
Fut un laurier mystérieux
Qui me reçut sous son ombrage.
Pour retrouver ses verts *rameaux*,
J'ai retourné dans le bocage,
Dans les forêts, sur les *coteaux* :
En vain j'ai cherché ce *feuillage*,
Vers lequel me guidait l'Amour,
Que vénère le Dieu du *jour*,
Et qui, vainqueur de maint outrage,
A vu ses charmes éclatans
Jouir d'un progressif hommage,
Et triompher même du *temps*.

Plus assuré de temps en *temps*,
Fidèle dans tous les instans
Au juste objet de mon hommage,
Je portais mes pas vers les lieux
Où j'entendais la voix des *cieux*.
Et pendant ce pélerinage,
Éclairé d'un suave *jour*
Et guidé par un tendre amour,
Je reviens aux premiers *rameaux*
Quand tombe à terre le *feuillage*,
Et quand verdissent les *coteaux*.

Les forêts, les rocs, les *coteaux*,
La campagne et ses fraîches eaux,
Tout ce qui reçoit notre hommage
Est soumis aux arrêts du *temps*;
Il nous dompte à tous les instans.
Pardonnez-moi, charmant *feuillage*,
Si digne d'attirer les yeux.
A présent que mon trop vieil âge
Est marqué par les lois des *cieux*,
Ma fuite n'est pas un outrage.
Me souvenant de tous mes maux,
J'évite vos brillans *rameaux*
Redoutés même par le sage.
Je m'exile de ce séjour,
Je cherche un paisible rivage,
Je fuis l'éclat d'un trop beau *jour*.

Pour voir de plus près ce beau *jour*,
Pour lui prouver tout mon amour,
J'ai surmonté mainte barrière.
J'ai gravi de rudes *coteaux*
Pour parvenir à ces *rameaux*.
Mais, au déclin d'une carrière
Qui n'a plus que de courts instans,
Je suis averti par le *temps*
D'entreprendre un autre voyage.
Il montre le sentier des *cieux*
Où naissent des fruits précieux
Plus que les fleurs et le *feuillage*.

C'est un autre *feuillage*, et c'est un autre *jour*
Qu'il me faut pour monter dans un heureux séjour
    Seul digne d'un durable hommage.
Pour arriver aux *cieux*, il faut d'autres *coteaux*,
    D'autres efforts, un autre ouvrage :
Cherchons, il en est *temps*, cherchons d'autres *rameaux*.

SONNET 111.

Méprise et illusion.

Lorsque je vous entends parler si doucement
Comme l'Amour l'enseigne à tout sujet aimant,
Le feu de mon désir dans mon âme étincelle
Au point d'incendier l'âme la plus rebelle.

Je me la représente alors, pour mon bonheur,
Aux lieux où j'ai connu son calme et sa douceur;
Je vois son air, j'entends ses pas, elle s'approche;
Mais je perds à la fois le sommeil et l'erreur
Au bruit de mes soupirs comme au son d'une cloche.

L'or pur de vos cheveux flottait au gré des airs,
Vous jetiez en arrière un regard tout comme elle;
Mais ma bouche refuse à ma vive tendresse
D'exprimer un bonheur qui va jusqu'à l'ivresse.

SONNET 112.

Miracle d'un regard.

Je n'avais jamais vu d'un voile de nuage
S'échapper le soleil plus pur, plus radieux ;
Je n'avais jamais vu non plus après l'orage
En plus vives couleurs se courber l'arc des cieux.
Cet éclat merveilleux étonnait la nature,
Le jour où je reçus ce fardeau sans mesure,
Où je vis ces attraits qu'on ne peut surpasser,
Et qu'un mortel ne peut comprendre ou retracer.

Et l'Amour eut alors un regard si sensible,
  Si plein d'une tendre clarté,
  Que depuis cet instant terrible
Tout regard n'a pour moi que de l'obscurité.

Funeste souvenir pour une âme trop tendre !
Sennucio, j'ai vu l'arc de l'Amour se tendre,
Et je perdis alors toute sécurité.
Depuis ce jour fatal, que cependant j'adore,
Il n'est plus qu'un désir en mon cœur attristé,
  C'est celui de le voir encore.

SONNET 113.

Dans quelque lieu, dans quelque état, dans quelque condition qu'il soit placé par le destin ou par la fortune, il ne pourra jamais lui accorder ce qu'elle désire.

Aux lieux où le soleil brûle la fleur et l'herbe,
Où lui-même est vaincu par la neige à son tour,
Où son char se modère en sa course superbe,
Où par d'exactes lois cesse et renaît le jour,
Dans l'âge mûr, ou bien dans l'extrême vieillesse,
Dans un poste élevé, dans un humble destin,
Quand l'air est frais et pur, quand la chaleur oppresse,
Dans la nuit, dans le jour, le soir et le matin,
Dans le ciel, sur la terre ou dans un sombre abîme,
Dans l'humide vallée, ou sur l'altière cime,
Libre esprit retourné vers les célestes biens,
Ou faible esclave encore en ses tristes liens,
Obscur, ou jouissant d'un rang noble et sublime,
Je garderai mon cœur, mon passé, mes désirs,
Et resterai fidèle à quinze ans de soupirs.

SONNET 114.

Il s'afflige de ne pouvoir pas célébrer celle qu'il aime dans des vers dignes d'une grande publicité.

O vous, que les vertus parent de tant de charmes,
Noble âme qui m'avez inspiré tant de vers,
Tour inaccessible aux alarmes,
Seul asile d'honneur en ce siècle pervers;

O douce rose épanouie
Dans des flocons de neige animés par la vie!
O fidèle miroir du plus fidèle cœur!
O flamme! ô feu divin et purificateur!

Ah! si mes vers allaient jusqu'aux terres lointaines,
Je dirais votre nom à l'Olympe, à l'Atlas,
Au Nil, au Tanaïs, et dans tous les climats,
Des rives de l'Islande aux rives Indiennes.

Mais, puisqu'il ne m'est pas donné
D'enseigner votre gloire à maint et maint rivage,
Je le dirai du moins au pays fortuné
Que la mer environne et l'Apennin partage.

SONNET 115.

Un regard l'épouvante, un regard le console.

Lorsque ma volonté, qui, par deux dards ardens,
Et par un joug trop dur, m'imposa l'esclavage,
Veut enfreindre un moment un rigoureux usage,
Pour calmer mes esprits et les rendre contens,

Elle lit sur un front les signes évidens
Tantôt de ma frayeur, tantôt de mon courage,
Et voit le tendre Amour censurer son ouvrage,
Et lancer des éclairs de ses yeux flamboyans.

Comme celui qui craint la foudre meurtrière,
Au moment d'avancer je reviens en arrière,
Tant la terreur apaise un effréné désir ;

Mais de mon âme aussi parfois la transparence
Révèle mes doux feux, ma timide espérance,
Et je vois dans ses yeux le calme revenir.

SONNET 116.

La Sorgue et le laurier.

Le Pô, l'Arno, le Var, l'Adige, le Tésin,
L'Èbre, le Tanaïs, la Garonne, le Rhin,
Le Danube, l'Alphée, et l'Euphrate et la Seine,
  Le Tibre, l'Ibère, l'Hermus,
  Le Tigre, le Gange, l'Indus,
  L'Aube, l'Eri, le Borysthène ;

  Le lierre, le hêtre, le pin,
  Le genevrier, le sapin
Ne peuvent, sur le feu qui cause ma souffrance,
  Exercer autant de puissance
  Que le plaintif et doux ruisseau,
  Qui semble avoir aussi des larmes,
  Ou le jeune et tendre arbrisseau
  Dont mes vers ont vanté les charmes.

  Là je puis trouver un secours
  Dans mes amoureuses alarmes,

Là je puis obtenir des armes
Pour passer mes rapides jours.

Croissez sur votre frais rivage,
Jeune et charmant laurier, et que votre planteur
Cherchant au bruit des eaux un chant consolateur
Soit inspiré sous votre ombrage!

BALLADE 10e.

Espérance et désir.

J'ai vu sa sévère figure
A mon approche s'éclaircir.
Son regard, qui fit ma torture,
N'a-t-il pas semblé s'adoucir ?

Laissons la stérile puissance
De tous mes soupirs superflus :
Ils publièrent ma souffrance ;
Ils me perdaient ; je n'en veux plus.

Je vois toujours l'Amour paraître,
Lorsque je veux calmer mon cœur ;
Et dans celui qui fut mon maître
Je découvre un doux protecteur.

Cependant en vain je l'implore
Pour trouver un terme à mes maux ;
Hélas ! la guerre dure encore,
Et j'entrevoyais le repos !

Ne me fuis pas, triste constance!
Reviens à moi, fatal plaisir!
Je sens renaître l'espérance,
Quand je reviens à mon désir.

SONNET 117.

Dialogue entre Pétrarque et son âme.

P. Qu'en penses-tu, mon âme? obtiendrons-nous la paix?
    Aurons-nous une trêve ou l'éternelle guerre?
L'â. Que fera-t-on de nous? que veut-on? je ne sais!
    Mais à ses yeux charmans nos maux semblent déplaire.

P. Cependant ses doux yeux, son regard redouté
    Nous glacent dans l'hiver, nous brûlent dans l'été.
L'â. Ne lui reprochez pas un tort involontaire.
P. Qu'importe? elle le sait, et consent à se taire.

L'â. La bouche tait souvent les murmures du cœur;
    Et long-temps on dérobe une vive douleur
        Sous une paisible apparence.

P. Vos consolans discours ne peuvent me guérir.
    Mon esprit incertain continue à souffrir;
    Le malheur n'ose admettre une telle espérance.

SONNET 118.

Puissance d'un regard.

Jamais nocher n'a fui devant l'onde marine,
Pour retourner au port qu'il aspire à revoir,
Comme je fuis l'objet de mon cruel espoir
Vers lequel mon désir me ramène et m'incline.

Jamais sur l'œil mortel la lumière divine
N'exerça de plus doux, de plus altier pouvoir
Que ce rayon suave, à la fois blanc et noir,
Où l'Amour a trempé les traits qu'il me destine.

Aveugle, il est armé de son fatal carquois;
Il est nu, mais voilé de sa pudeur candide,
Et sur son aile il suit le destin qui le guide.

C'est de là qu'il me dicte et mes vers et ses lois;
Et, pour chanter l'Amour, quand je reprends ma lyre,
Toujours dans ces beaux yeux mon regard cherche à lire.

SONNET 119.

Il faut mourir.

Ce monstre, à l'air candide, au cœur de tigre et d'ours,
Vint sous l'aspect humain et la forme d'un ange.
Dans la crainte et l'espoir entretenu toujours,
Je devins le jouet de ce cruel mélange.

Si d'elle je n'obtiens d'accueil ni de secours,
Pour arrêter mon trouble et mon état étrange,
Amour, je vois venir le terme de mes jours;
Je le sens dans mon cœur, ton doux venin me venge.

Toujours brûler, trembler, pâlir, rougir, blanchir!...
Ma fragile vertu veut enfin s'affranchir
De cet état fatal, de ce trouble homicide.

Elle oppose aux douleurs une fuite rapide,
Comme un être qui sent son courage faiblir;
Mais l'homme ne peut rien s'il ne sait pas mourir.

SONNET 120.

Il s'adresse encore une fois à elle, et veut mourir si elle reste insensible.

Allez, brûlans soupirs, renversez les barrières
Dont elle environna la glace de son cœur;
Et qu'enfin, si le ciel exauce les prières,
La mort ou la pitié termine ma douleur.

    Allez, allez, douce pensée,
    Animez l'objet de mes vœux;
    Que l'image d'un malheureux
Lui soit par vous fidèlement tracée.
Rappelez-lui surtout le pouvoir de ses yeux.
C'est assez supporter une injuste souffrance :
Je veux perdre aujourd'hui l'erreur ou l'espérance.
    Dites-lui bien tout mon tourment :
Son cœur est libre, hélas! le mien est dépendant.
    L'amour forme votre cortége;
    Allez sans crainte, il vous protége.
Si son regard daignait embellir mon destin,
Le jour se lèverait pour moi pur et serein.

SONNET 121.

Elle est un prodige céleste.

Les étoiles, le ciel et tous les élémens
En elle ont signalé leur magique influence;
La nature contemple en elle sa puissance.
  Dans aucun lieu, dans aucun temps,
  Pendant sa sublime carrière,
  Le Dieu qui répand la lumière
  N'éclaira des traits si charmans.

  Ce chef-d'œuvre de la nature
A reçu de l'Amour des dons si séducteurs,
Un si touchant regard, une grâce si pure,
Qu'il éblouit les yeux et ravit tous les cœurs.

L'air est plus doux, plus pur, plus suave auprès d'elle;
Des rayons bienfaiteurs s'échappent de ses yeux

Comme d'un astre radieux
Fécond dispensateur des doux feux qu'il recèle.

Auprès d'elle on devient meilleur,
Car elle fait aimer les vertus et l'honneur,
Et jamais sa beauté n'inspire
D'un sentiment impur le profane délire.

SONNET 122.

Les larmes de sa dame.

Magique pouvoir des douleurs !
Pour l'être infortuné prodige salutaire !
Jupiter dans les cieux et César sur la terre
Ont été quelquefois désarmés par des pleurs.

Elle pleurait ! l'Amour, ce despote terrible,
M'ordonna de braver ce charme irrésistible ;
Et sur un diamant lui-même il retraça
Au milieu de mon cœur les pleurs qu'elle versa.
Depuis ce jour, au fond de ce cœur trop sensible,
Où le cruel fixa d'éternels souvenirs,
Il sut ainsi doubler mes tourmens, mes désirs ;
    Et toujours sa rage inflexible
Vient me redemander des pleurs et des soupirs.

SONNET 123.

Le charme de ces larmes.

J'admirai des charmes célestes !
Plaisir fugitif et trompeur !
Souvenirs charmans et funestes,
Vous passâtes comme une erreur.

J'ai connu de ses pleurs l'angélique influence.
Pour moi l'astre du jour brillait moins que ses yeux ;
Sa bouche proférait des discours merveilleux
Dont l'univers surpris admirait la puissance.
  La force de leur éloquence
Ferait marcher les monts et leurs pics orgueilleux,
Et saurait des flots même enchaîner l'arrogance.

La sagesse, l'amour, la pitié, la douleur
Entre nos cœurs alors formaient une harmonie
Dont le profane monde ignore la douceur.
Mais le ciel, nous prouvant sa clémence infinie,
D'un sentiment fatal devenait protecteur.
Alors autour de nous se calmait la nature ;
Le feuillage dans l'air apaisait son murmure ;
Et Dieu semblait bénir un incomplet bonheur.

SONNET 124.

Le souvenir de ce jour est resté au fond de son cœur, et est encore pour lui la source d'une douceur ineffable.

Ce jour si malheureux et si digne d'hommage
A tellement gravé dans mon cœur son image
Que ni verve ni mot ne le peut définir.
J'aime à m'y retrouver au gré du souvenir.

L'honorable maintien de sa grâce naïve,
Les accens de sa voix séduisante et plaintive,
Son atmosphère où règne une douce clarté,
Me fesaient voir en elle une divinité.

L'or pur couvrait sa tête ; et son pâle visage
De la neige et des feux présentait l'assemblage.
Ses cils d'ébène ornaient deux foyers de splendeur,
D'où l'Amour décochait ses flèches sans erreur.

Les perles et la rose offraient leur alliance
Pour recevoir l'accent si doux de la souffrance.
Ses soupirs exhalaient d'ineffables ardeurs,
Et le cristal limpide est moins pur que ses pleurs.

SONNET 125.

De tout côté il retrouve ce maintien, ces soupirs, ces accens, ces larmes qui, dans ce mémorable jour, rendaient sa beauté si brillante.

En quelque lieu divers que mon regard s'adresse
Pour apporter du calme au trouble qui m'oppresse,
Je retrouve toujours l'image enchanteresse
  Qui fait renaître mes désirs.

De sa tendre douleur qui nous la rend si belle
Un cœur aimant reçoit une noble étincelle,
Et gardera toujours un souvenir fidèle
  De sa voix et de ses soupirs.

Tandis qu'ainsi je passe et mes jours et mes veilles,
Amour et vérité charmés de ces merveilles
M'ont assuré tous deux que des beautés pareilles
  N'ont jamais paru sous les cieux ;

Jamais on n'entendit de lèvres enivrantes
S'échapper en discours des faveurs plus charmantes ;
Et peut-être jamais de larmes plus touchantes
  Ne sortirent de si beaux yeux.

SONNET 126.

Divine beauté.

Dans quelle part du ciel, dans quelle intelligence,
Était l'exemple heureux, source de tels attraits,
Où la nature prit des types si parfaits,
Pour montrer ici-bas sa divine puissance?

Quelle nymphe des eaux, légère providence,
Aux blonds cheveux qu'agite un souffle pur et frais,
Justifia jamais plus de droits aux succès?
Je me plais dans son charme, auteur de ma souffrance.

Pour savoir admirer la céleste beauté,
Il faut avoir connu cette grâce imprévue,
Ce regard si puissant par sa suavité.

Son sourire si doux, sa langueur ingénue,
Sa pudeur, son langage et sa naïveté
Vous apprendront comment l'Amour guérit et tue.

SONNET 127.

D'accord avec l'Amour, il contemple cette merveille.

Quand j'entends le parler, quand je vois le souris
De cet être qui n'est à nul autre semblable,
L'Amour et moi restons également surpris
Comme devant un fait qui paraît incroyable.

Un cœur sensible, pur et capable d'aimer,
En voyant s'échapper sous ses longues paupières
Les scintillans rayons de deux vives lumières,
    Se sent aussitôt enflammer.

    Quel autre sujet de surprise,
    Quel nouvel aspect enchanteur
    Lorsque sur le gazon assise
    On la prendrait pour une fleur,
Ou quand son sein brillant d'éclat et de blancheur,

Éblouissant rival du lys et de la rose,
Contre un buisson fleuri s'arrête et se repose !

Dans la froide saison encor quelle douceur,
Quand à ses doux pensers son esprit s'abandonne,
Et qu'on la voit marcher seule et d'un air rêveur,
De ses longs cheveux d'or tressant une couronne !

FIN DU PREMIER VOLUME.

TABLE DES MATIÈRES

CONTENUES

DANS LE PREMIER VOLUME.

                                                                           Pages.

AVERTISSEMENT V

BALLADES.

1. — Il se plaint de ne plus voir les yeux de celle qu'il aime. .   12
2. — Il exhorte ses yeux à se dédommager.   16
3. — Il la surprend lavant un voile.   83
4. — *Traduite en rondeau.*   89
5. — Son feu ne s'éteint ni ne diminue.   90
6. — *Traduite en rondeau.* Deux yeux et une chevelure le tiennent captif, même quand il est privé du bonheur de les voir.   97
7. — Un salut donné par compassion l'arrache à la mort. . . .   101
8. — La beauté, qui l'enchaîna d'une manière si durable et si chère, était céleste et non pas mortelle   173
9. — Prière à l'Amour.   195
10. — Espérance et désir   258

CANZONES.

1. — Ses métamorphoses.	27
2. — Il s'adresse à un personnage, dont le nom est ignoré, pour l'engager à réchauffer, par ses discours et par ses écrits, les cœurs italiens, au moment où l'empereur part pour son voyage d'outre-mer.	39
3. — Il veut et ne veut pas cesser de l'aimer	45
4. — Éloignement, consolation, redoublement de peine, étincelle d'espérance	58
5. — Il songe avec envie au repos des autres mortels	78
6. — A Cola di Renzo, qui semblait désigné par le destin pour ramener le peuple de Rome à la liberté antique.	84
7. — Fatigué de ses longues plaintes, il veut chanter, mais il désire que ses accens soient dignes d'elle	111
8. — Sur la puissance de ses yeux.	113
9. — Même sujet	118
10. — Même sujet	122
11. — Dépit d'amour	168
12. — La gloire et la vertu.	189
13. — Il se plaint d'elle à la nature.	200
14. — Désireux de mourir, il adresse ses dernières paroles au site, à l'arbre, aux fleurs, aux herbes, à l'air qui lui semblèrent participer à une divine apparition de la beauté.	205
15. — Les images et les dissemblances tempèrent sa douleur, et le maintiennent en vie.	209
16. — Aux cœurs italiens	215
17. — Tristesse de l'absence.	221
18. — Sa ressemblance avec les choses les plus étranges de ce monde.	235

SEXTINES.

1. —	23
2. — Il se propose de l'aimer jusqu'à la mort	48
3. — Il compare ses sentimens aux phases de la nature.	104

4. — Il plaint celui qui, suivant son fatal exemple, se livre à l'Amour, s'il n'invoque pas le ciel et n'est pas secouru par lui.	135
5. — Il se retourne vers Dieu.	247

SONNETS.

1. — Le poète reconnaît que son amour fut un vain et long délire. Il n'espère pas qu'on lui pardonne, mais il s'adresse à ceux qui ont aimé, et il leur demande de le plaindre.	1
2. — C'est par surprise que l'Amour assura sa victoire.	2
3. — Il reproche à l'Amour cette victoire trop facile	3
4. — Il veut relever l'éclat de celle qu'il aime, en rappelant l'humble lieu de sa naissance.	4
5. — A l'aide d'un ingénieux mystère, il parvient à la nommer.	5
6. — Il se sent vaincu par l'Amour	6
7. — Réponse de Pétrarque à Justine de Levis-Perroti	7
8. — Des animaux, pris par Pétrarque et envoyés par lui à l'un de ses amis, sont censés prononcer les vers suivans.	9
9. — Il la compare à l'astre du jour et se compare à la nature.	10
10. — Au cardinal Colonne, son ami, persécuté par le pape Boniface VIII.	11
11. — S'il ne meurt pas de douleur, elle entendra, dans sa vieillesse, le récit des souffrances qu'elle a causées.	13
12. — Il se félicite d'aimer une femme dont la beauté brille avec plus d'éclat auprès de ses rivales.	14
13. — Il part, et s'étonne de pouvoir vivre loin d'elle	15
14. — Il cherche, dans toutes les femmes qu'il rencontre, quelque ressemblance avec celle qu'il aime.	17
15. — Il n'a de calme qu'auprès d'elle	18
16. — Brûlant d'amour, il fuit.	19
17. — Il se compare au phalène, qui retourne à la flamme meurtrière.	20
18. — Ses chants ne sont pas dignes d'elle.	21
19. — Il gémit de ne pas être payé de retour	22
20. — Il se plaint de n'avoir pas reçu le prix auquel il osa prétendre	35

TABLE DES MATIÈRES.

21. — A un amant qui, après un dépit d'amour, retourne à sa maîtresse. 36
22. — Sa joie en apprenant le retour de ce même ami à une vie d'amour. Il invite les poètes à célébrer ce retour. . . 37
23. — Afin d'engager un de ses amis à ceindre l'épée pour Jésus-Christ, il lui annonce l'entreprise de l'empereur Charles IV contre les infidèles et le retour du pape Jean XXII dans son antique séjour 38
24. — Sur l'idée qu'elle va mourir. 52
25. — Avec la mort, qu'il sent déjà voisine, finira le chagrin qui l'accable 53
26. — Dans une vision, il croit la voir en danger de mort ; elle lui parle et l'encourage 54
27. — Prière à Apollon pour qu'il dissipe le mauvais temps, et que, rendue à la santé, elle puisse reparaître 55
28. — Il fuit le monde et cherche la solitude, mais sans affaiblir l'ardeur qui le consume. 56
29. — Besoin de mourir. 57
30. — Il se plaint des obstacles qui l'empêchent de voir deux yeux qui lui sont chers 65
31. — Il s'excuse de ne pas s'être tourné avec assez d'empressement vers celle qu'il aime 66
32. — Ayant besoin d'un livre de saint Augustin pour terminer un grand ouvrage, il prie pour la seconde fois un de ses amis de le lui envoyer. 67
33. — Quand elle quitte sa demeure habituelle, le ciel est troublé par les orages, et l'on voit s'attrister l'univers. 68
34. — Quand elle retourne dans sa patrie, l'air y devient plus serein et la terre semble se réjouir 70
35. — Pourquoi, dans une semblable circonstance, ce miracle manqua une fois. 71
36. — Elle n'a pas pitié de lui, et cependant des hommes cruels s'apitoyèrent sur le sort de leurs ennemis 72
37. — Il lui reproche de s'être éprise de sa propre beauté, en se voyant dans son miroir ; et il lui rappelle l'exemple de Narcisse. 73
38. — Les ornemens, qui relèvent l'éclat de sa beauté, causent autant de blessures nouvelles ; il est jaloux des miroirs où elle contemple son image. 74

TABLE DES MATIÈRES.

39. — Il s'excuse d'avoir reparu devant elle, malgré sa défense, pour ranimer les dernières étincelles de sa vie prête à s'éteindre. 75
40. — Amené en sa présence par l'invincible désir de lui raconter toute sa peine, il perd devant elle toute sa résolution. . 76
41. — Quand il paraît devant elle pour lui demander merci, les soupirs, les larmes et les paroles lui manquent à la fois. 77
42. — Effet possible d'un regard. 82
43. — A l'heure indiquée, il ne l'a pas vue 92
44. — Ses instans de bonheur sont trop fugitifs et trop long-temps attendus. 94
45. — Au seigneur Agapito, en lui envoyant des présens. ... 96
46. — Imprécations contre le laurier 98
47. — Il se félicite de son amour. 99
48. — Il demande à Dieu de le ramener à des idées plus saines. 100
49. — Elle ne pourra jamais sortir du cœur où le destin lui donne un empire sans partage. 102
50. — Désespérant de pouvoir jamais renoncer à l'amour, il fait un effort pour obtenir d'être aimé. 103
51. — En Toscane, sur le bord de la mer, il aperçoit un laurier; il s'élance vers lui et tombe dans un ruisseau 108
52. — Il écrit de Rome à Jacques Colonne que deux pensées partagent son cœur. 109
53. — La poésie ne peut pas guérir de l'amour 110
54. — Il s'étonne d'avoir pu tant penser et tant écrire sur le même sujet, et d'avoir suivi dans tant de pays divers les mêmes traces 126
55. — Il s'encourage à célébrer les yeux qu'il aime, mais il s'effraie d'une telle entreprise. 127
56. — Il reprend ses chaînes. 128
57. — A Simon peintre et sculpteur distingué, sur un portrait. . 129
58. — Pourquoi ce portrait n'a-t-il ni l'intelligence ni la voix . . 131
59. — Il ne peut plus éviter son sort 133
60. — Il demande à Jésus-Christ de le délivrer et de l'attirer à lui. 137
61. — S'il ne rencontre la pitié, il veut renoncer à l'amour. ... 138
62. — Il redoute et brave l'Amour 139
63. — Dialogue entre Pétrarque et ses yeux. 140

64. — Il aimera	141
65. — Désespérant de voir finir ses peines, il se plaint de n'être pas mort quand il était heureux.	142
66. — Puisque le premier coup fut mortel, pourquoi de nouvelles blessures ?	143
67. — Il se soustrait enfin aux chaînes de l'Amour, et conseille le même parti à ceux qui sentent ses premières atteintes.	144
68. — Il s'adresse à des femmes sensibles, et leur dit qu'il a fui l'Amour, qu'il est retombé dans ses liens, et que de nouveau il cherche à s'en dégager, mais avec grand'peine.	146
69. — Ce ne fut pas d'une mortelle, ce fut d'une apparition céleste qu'il devint amoureux	147
70. — Il conseille à un ami affligé de tourner sa pensée vers Dieu.	148
71. — Sur la mort de son ami Cinon Sinibaldi	149
72. — Menaces de l'Amour	151
73. — Surprise et métamorphose des amans en présence de l'objet qu'ils aiment.	152
74. — Il s'afflige d'être le seul au monde à qui la fidélité soit funeste.	154
75. — Quoique fatigué de ses tourmens d'amour, il ne veut pas y renoncer	156
76. — Il vante et déplore la perte de sa liberté	158
77. — Il cherche à consoler Orso de n'avoir pu se trouver à un tournois	160
78. — A un ami, que l'on croit être Boccace, pour l'engager à renoncer aux choses d'ici-bas et à ne s'occuper que du ciel.	161
79. — Combien de sujets renouvellent sa blessure et font couler ses larmes	162
80. — Il espère pouvoir enfis necouer le joug de l'Amour.	163
81. — Il ne faut pas juger des sentimens sur l'apparence.	164
82. — A un membre de la maison de Colonne, pour l'exhorter à poursuivre ses succès contre la maison des Ursins.	165
83. — Ce sonnet paraît avoir été adressé à Pandolphe Malatesta pour louer sa valeur.	167
84. — Il voudrait fuir la guerre que lui font deux beaux yeux ; mais, ayant toujours présente leur image, il sent à chaque instant s'accroître dans son cœur le feu qu'il désire éteindre.	174
85. — Il conjure Sennucio de réclamer pour lui un nouveau bienfait de l'Amour.	175

TABLE DES MATIÈRES. 279

86. — Admirables effets qu'il éprouve en revoyant le lieu où elle lui témoigna de la compassion............ 177
87. — Il retourne en ce lieu fortuné, et obtient d'elle le bienfait d'un salut................... 178
88. — Cette rencontre et ce doux salut donnent du calme à son cœur........................ 179
89. — A Sennucio, pour l'informer de son état et des images tristes et douces que l'Amour présente à son imagination inquiète..................... 180
90. — Il mande à Sennucio qu'après l'avoir quitté, il fut surpris et accompagné par un orage jusqu'à Vaucluse..... 182
91. — Il fuit la cour et se retire à Vaucluse, où il serait heureux, s'il pouvait attendrir celle qu'il aime et revoir son ami le cardinal Colonne............... 183
92. — Par hasard, il obtient d'elle un regard........ 185
93. — Après avoir quitté le lieu où il la vit, il revient à Vaucluse, et sent son cœur ému comme la première fois..... 186
94. — Il craint que le rocher qui ferme Vaucluse n'arrête ses soupirs...................... 187
95. — Après seize années, son angoisse, sa peine et son ardeur sont aussi vives que le premier jour.......... 188
96. — Il détrompe un de ses amis qui le croyait mort..... 194
97. — Il voudrait devenir plus sage............. 196
98. — Elle a pâli..................... 198
99. — Il est victime de l'Amour, du hasard et de lui-même.. 199
100. — Il fut banni du lieu où il la voyait; il est banni de celui où il pensait à elle................. 226
101. — A Jacopo Lentino, qui lui demandait comment il devait répondre aux caprices de sa belle.......... 228
102. — Combats de ses pensées............... 229
103. — Il exprime par des images la misère de sa vie..... 231
104. — État affreux dans lequel il est tombé à cause d'elle.... 233
105. — Contre la cour de Rome, qui résidait alors à Avignon.. 240
106. — Le poète promet à Rome la prochaine arrivée d'un libérateur, qui doit lui rendre l'âge d'or.......... 241
107. — Babylone sera punie................ 242
108. — A des amis qu'il s'afflige de ne pouvoir rejoindre.... 243
109. — Il souffrira, mais il saura se taire........... 244
110. — Il n'est conduit par son désir qu'à la douleur....... 245

111. — Méprise et illusion. 251
112. — Miracle d'un regard 252
113. — Dans quelque lieu, dans quelque état, dans quelque condition qu'il soit placé par le destin ou par la fortune, il ne pourra jamais lui accorder ce qu'elle désire. . . . 253
114. — Il s'afflige de ne pouvoir pas célébrer celle qu'il aime dans des vers dignes d'une grande publicité. 254
115. — Un regard l'épouvante, un regard le console. 255
116. — La Sorgue et le laurier. 256
117. — Dialogue entre Pétrarque et son âme. 260
118. — Puissance d'un regard 261
119. — Il faut mourir 262
120. — Il s'adresse encore une fois à elle, et veut mourir si elle reste insensible. 263
121. — Elle est un prodige céleste 264
122. — Les larmes de sa Dame 266
123. — Le charme de ces larmes. 267
124. — Le souvenir de ce jour est resté au fond de son cœur, et est encore pour lui la source d'une douceur ineffable. . 268
125. — De tout côté il retrouve ce maintien, ces soupirs, ces accens, ces larmes qui, dans ce mémorable jour, rendaient sa beauté si brillante. 269
126. — Divine beauté. 270
127. — D'accord avec l'Amour, il contemple cette merveille . . 271

FIN DE LA TABLE DU PREMIER VOLUME.

De l'imprimerie de BRUNEAU, rue Croix-des-Petits-Champs, 35.

www.ingramcontent.com/pod-product-compliance
Lightning Source LLC
Chambersburg PA
CBHW050329170426
43200CB00009BA/1524